자서전 강사들의 자서전

내 삶을 책으로 / 사람이 책이다

우경하

이은미

서연하

김종태

조경희

양 선

임연묵

임승탁

김태진

김재선

김용현

이종숙

황태옥

구자란

우정희

한국자서전협회

자서전출판지도사 지음

함께 자서전을 쓰면서
소중한 우리의 인생을 돌아보고
미래를 그려보았습니다.

여러분의 인생도
궁금합니다.

자서전 강사들의 자서전

초판 1쇄 발행 2024년 08월 01일

지은이_ 우경하 이은미 서연하 김종태 조경희 양선 임연묵 임승탁
         김태진 김재선 김용현 이종숙 황태옥 구자란 우정희
펴낸이_ 김동명
펴낸곳_ 도서출판 창조와 지식
디자인_ 우경하 & (주)북모아
인쇄처_ (주)북모아

출판등록번호_ 제2018-000027호
주소_ 서울특별시 강북구 덕릉로 144
전화_ 1644-1814
팩스_ 02-2275-8577

ISBN 979-11-6003-746-3(03190)

정가 15,000원

자서전 강사들의 자서전

내 삶을 책으로 / 사람이 책이다

' 지은이 소개 '

1. 우경하: 나연구소 대표, 한국자서전협회장
2. 이은미: 한국미래평생교육원, 오색그림책방 대표
3. 서연하: 하모니웰니스 대표
4. 김종태: 전자(종이)책, 자서전 쓰기, 챗GPT 활용강사
5. 조경희: 연진사주타로 대표, [연진북스] 대표
6. 양 선: 여여나무연구소 대표
7. 임연묵: 울산 토리어린이서점 대표
8. 임승탁: 온라인 서점 [인생책 발전소] 대표
9. 김태진: 베에프 코리아(주)의 대표
10. 김재선: 한국열린사이버대학교 실용영어학 연구교수
11. 김용현: 출판사 [짱구의정보서점] 대표
12. 이종숙: 전자책쓰기(AI,그림) 동화책쓰기, 자서전쓰기
13. 황태옥: 펀앤코리아 대표 꿈나비북스 대표
14. 구자란: 22년차 국가유산해설가 · 전자책출판 도슨트
15. 우정희: 청도재가노인복지센터 대표

❛ 프롤로그 ❜

이 책은 한국자서전협회 자서전출판지도사 강사 자격증반을 수료한 자서전 쓰기 강사들이 함께 쓴 자서전이다.

이미 우리나라는 고령화 사회에 진입했고 인구의 노령화가 빠르게 진행 중이다. 2023년 기준 대한민국의 65세 이상의 인구 비율은 19%라고 한다. 인구의 1/5 가까이가 65세 이상 시니어분들이다. 많은 분이 어느 정도 삶의 경험이 쌓이면 살아온 삶을 되돌아보며 정리하고 싶어 하고 글과 책으로 남기길 원한다.

우리는 시니어분들을 포함한 많은 분의 자서전 쓰기, 출판, 대행, 대필 등을 돕기 위해 함께 마음과 뜻을 모았다.

이 책은 우리들의 과거 현재 미래, 도전과 성취, 행복했던 시간 힘들었던 시간, 그리고 배운 삶의 교훈을 담은 자서전이다. 우리와 함께 신나는 자서전 책 쓰기 여행을 떠나자.

⁶ 목차 ⁹

1장

최고의 자기 계발은 나다움이다

우경하

❶

어린 시절의 나
내성적이고 소심한 아이 변화를 꿈꾸다

'나의 살던 고향은 꽃피는 산골
복숭아꽃 살구꽃 아기 진달래
울긋 불긋 꽃 대궐 차리인 동내
그 속에서 놀던 때가 그립습니다.'

군대 시절 38선 철책에서 북한을 바라보며 속으로 많이
불렀다. 이 노래를 들으면 어린 시절 함께 놀던 친구들과
고향 집 마을의 풍경과 추억이 생각난다.

내 고향은 경상북도 안동시 풍산이라는 작은 읍내 마을이
다. 안동과 예천의 중간쯤 있고 최근, 인근에 도청이 들어
왔고 신도시가 생겼다. 관광지로 유명한 하회마을도 가깝
다.

농사짓는 분들이 많고 우리 집은 내가 어려서부터 농약
장사와 지업사를 같이 했다. 아빠와 엄마를 따라 일을 도우
면서 농사일이 매우 힘들다는 것을 알았다.

2남 1녀 중 장남인 나는 어린 시절 내성적이고 소심한 아이였다. 남들은 잘 모르지만, TV에서 본 말 더듬는 사람을 흉내 내서 생긴 말 더듬는 버릇이 있었고, 남들 앞에서 말하는 게 두렵고 자신이 없었다. 학창 시절 앞에서 발표하는 시간은 내게 가장 힘들고 두려운 시간이었다.

　　아빠 엄마는 말수가 적은 편이었고 집안에 대화가 많지 않았다. 그 시절인 80년대는 먹고 살기가 빠듯한 시절이기도 했다.

　　유교문화를 중시하는 경상도 특유의 엄숙하고 무거운 분위기는 나를 숨 막히게 했고 장남이라는 부담과 책임도 나를 힘들게 했다. 그래서 그런지 어른들을 만나면 괜히 기가 죽고 작아졌다.

　　늘 착한 사람 좋은 사람이 되는 것이 최고의 가치라고 나도 모르게 믿고 살았다. 남들에게 싫은 소리와 거절을 못했다. 화가 나도 내 감정을 솔직하게 표현하는 방법을 몰라 혼자 속을 끓이는 시간도 많았다.

　　이런 내 모습이 마음에 들지 않았고 당당하고 자신감 있는 사람이 되고 싶었다. 그랬던 덕분에 나는 늘 변화를 생각하고 원해왔다. 그런 생각의 시간이 모여 여러모로 예전과는 많이 다른, 내가 원하는 내가 되었다.

　　어린 시절의 나는 내가 원하는 매력적인 사람이 아니었

다. 그런 결핍이 나를 많이 성장시켰다고 생각한다. 중학교 때까지 풍산에서 다녔고 고등학교는 안동 시내에 있는 학교에 다녔다.

그리곤 대구에 있는 대구대학교 사회복지 학과에 입학했다. 20살이던 그 당시 아빠가 위암으로 돌아가시고 공부에 뜻에 없어서 대학교는 자퇴했다. 이때부터 나름 자립심이 생긴 것 같다.

❷

성인 시절의 나
15년 차 직장인 책쓰기 코치
1인기업 사업가로 변신하다

"대한민국~짜작자 작작" 열띤 함성이 전국을 뒤엎었다. 2002년 월드컵 4강 신화로 모든 국민이 흥분의 시간이었다. 뜨거운 열기를 뒤로하고 23살에 군대에 갔다. 강원도 화천에서 군 생활을 했고 GOP 경계 근무를 했다. 근무지에서 바라본 그림 같은 산들의 풍경은 오랜 시간 내 기억에 남았다.

제대 후 출세의 꿈을 안고 상경했다. 아르바이트를 시작했고 내 첫 터전은 고시원이었다. 직업전문학교를 다녔고 실내 디자인을 배워 작은 인테리어회사에 취직했고 그 학교에서 지금의 아내를 만났다. 아내와는 2년 연애 후 28살에 결혼했다. 인테리어 회사를 시작으로 자판기 회사, 얼음 회사, 유한킴벌리 대리점을 거쳐 12년을 다닌 전 직장을 29살 때 들어갔다.

LED 조명을 제조하는 회사였고 영업부에서 업체 관리,

현장 담당, 납품 등의 업무를 진행했다. 그동안 다닌 회사 중에 제일 직원도 많고 컸던 중소기업이었고 매출은 500억 정도였다. 일도 잘 맞고 사람들도 좋아서 오래 다닐 수 있었다.

하지만 어느 순간 직장이라는 구조에 한계를 느끼기 시작했다. 내가 진정으로 원하는 일이 아니라는 것을 알게 되었다. 회사를 얼마나 오래 다닐 수 있을지 미래가 불안했고, 몇 년 후 나의 미래가 될 직장 상사들의 모습이 행복해 보이지 않았다. 내가 정말 잘하고 좋아하고 가슴 뛰는 내 일을 하고 싶었다.

퇴사를 결심했다. 오프라인 창업을 하기 위해 인터넷으로 다양한 정보를 찾던 중 우연히 무자본 창업, 1인기업이라는 것을 알게 되었다. 창업할 때 들어가는 초기 비용과 고정비가 매우 적다는 것이 흥미로웠다.

무엇보다 눈에 보이는 상품을 파는 것이 아니라 가지고 있는 경험과 지식을 사람들에게 글, 책, 강의 형태로 나누어주면서 사업을 하고 그를 통해 나 자신에 성장하고 발전할 수 있다는 점에 가장 큰 매력으로 다가왔다.

직장을 다니면서 주말마다 틈틈이 사람들을 만났고 책, 영상 등으로 공부했다. 퇴사와 사업의 준비가 되지는 않았지만, 이 길이 내 길이라 확신이 들어 주변의 반대를 뿌리

치고 2020년 나이 40살에 과감히 퇴사했다.

　1인 기업으로 성장하고 나만의 수익모델을 만들기 위해 다양한 교육을 받으며 성장해 갔다. 초반엔 사업 경험이 없어 많은 시행착오를 겪었다. 하지만 꾸준히 도전하고 실행한 덕분에 지금은 나만의 브랜드와 수익구조를 만들었다. 약 4년간 정말 치열한 인생을 살았다. 힘들었지만, 내면과 외면이 많이 성장한 시간이었다.

❸

미래의 나
멋진 경영자와 자유를 꿈꾸다

'우리의 미래는 밝습니다.' 내가 좋아하는 말이다. 과거는 바꿀 수 없지만 미래는 바꿀 수 있다. 사람의 가장 신비로운 능력은 바로 생각의 힘이다. 원하는 것을 생각하면 그것을 이루기 위한 아이디어들이 주변에 모여든다. 원하는 미래를 그리고 행동할 때 우리는 성장하고 행복을 느낀다.

1인 기업을 공부하면서 '나를 아는 것'의 중요성을 깨달았다. 우리가 바라는 진정한 행복과 성공은 나를 아는 것에서 시작한다. 나를 알기 위해 나 자신에게 수많은 질문, 마음과 감정 관찰, 글쓰기를 꾸준히 했다. 이를 통해 내 존재의 진정한 가치와 세상에서 우리 모두의 '나'가 가장 소중하다는 것 그리고 모두가 각자 자기 인생의 주인임을 알게되었다. 이런 경험으로 '나연구소'라는 브랜드를 만들었고 '나'의 가치를 전하고 있다. 이후 '하루만에 책쓰기'라는 전자책을 하루 한 권 완성하는 프로젝트를 1년 가까이 꾸준히 진행하면서 더욱 성장했고 전자책 전문가가 되었다.

지금은 전자책출판 코칭 강의, 종이책 공동 저자 출판프로젝트, 전자책출판지도사 책 쓰기 코치 강사 양성 자격증 과정 등의 운영을 통해 주로 1인 기업 사업가들의 성장과 브랜딩을 돕는 일을 하고 있다. 최근엔 노년층이 증가하는 시대의 흐름에 맞추어 자서전의 가치를 더하기 위해 한국자서전협회를 설립했다.

　1인 기업으로 혼자서 일하는 것이 아니라 많은 파트너와 함께 협업을 통한 비즈니스를 만들고 확장하고 있다. 앞으로는 실무를 함께 할 직원들을 고용해서 나라에서 필요한 일자리를 창출하고 후배 양성에도 힘을 쓰려고 한다. 강사를 넘어 진정한 경영자가 되고자 한다.

　미래의 나는 자유인이 된다. 시간적 경제적 자유를 포함한 인생의 많은 부분에서 자유를 이룬다. 내 목표는 나이 50까지만 열심히 재미있게 일하는 것이다.

　50 이후엔 돈을 벌기 위해 일하지 않고 나의 재능이 필요한 사람들에게 나누어 주면서 여유롭고 풍요로운 인생을 살 것이다. 우리는 더 나은 미래가 있고 꿈을 꿀 수 있기에 힘든 시간을 견딘다. 삶의 동기부여와 열정도 지금 보다 너 나은 미래가 있다는 믿음 때문이다.

　사람의 운명이란 정해져 있지 않고, 개인의 희망과 열정으로 만들어진다. 생각의 힘과 행동이라는 실행을 더 해 우리가 원하는 행복한 인생을 만들어가자.

❹

도전과 성취의 경험
100권작가 책쓰기 코치되다

"당신 뭐에 홀린 사람 같아." 2017년 어느날 아내가 내게 한 말이다. 그렇다 나는 무언가에 홀린 사람이었다.

'무자본 창업' '1인기업 창업' 등 평소 안 하던 말을 하던 나를 불안하게 바라보며 아내가 한 말이다. 충분히 그럴 만도 하다. 10년 넘게 우직하게 직장을 잘 다니던 사람이 평소 안 하던 말들을 하고 갑자기 창업을 하겠다고 여기저기 다니니 불안했을 것이다.

뭐니 뭐니 해도 내 인생의 가장 큰 도전은 15년 정도 한 직장 생활을 정리하고 1인 기업을 시작한 일이다. 내 나이 40의 일이다. 직장 생활에 한계가 느껴졌고 내 삶이 행복하지 않고, 가슴 설레고 나의 온 열정을 다할 수 있는 나만의 멋진 일을 너무도 하고 싶어서 과감히 선택한 일이다.

물론 나도 불안했고 겁이 났다. 한 가정을 책임져야 하는 가장이기도 했고 경험이 전혀 없었기 때문이다. 또한 30대 젊은 나이가 아닌 40이 된 시점이었었다. 잘 된다는 확신은 없었지만 나는 도전하고 싶었다. 지금이 아니라 어영부영 2~3년을 더 보내도 내 삶은 변화가 없을 것이라고 생각했다. 잘 해야만 하는 환경, 변할 수밖에 없는 곳으로 과감하게 나를 던졌다.

시간이 지난 뒤 내 선택이 옳다는 것을 알게 되었다. 그렇게 깨달을 때까지 3년이 넘는 시간이 걸렸고 그사이 참 많은 일이 있었다. 나는 내 시간을 나름대로 사업 성장에 알차게 사용했다.

15년 넘는 직장 생활을 통한 성실함과 책임감을 바탕으로, 거기에 무한한 자존감을 무기로, 잘 해야만 하는 환경의 힘으로, 끊임없이 도전하고 시행착오를 거치며 자타공인 참 많은 일을 했고 만들어 냈다.

사람들은 말한다. "우 대표님은 사업을 10년 정도 한 것 같아요." 기분 좋고 듣기 좋은 칭찬이다. 전자책출판 전문가, 닉네임 100권작가, 나연구소 대표, 한국작가협회 초대 회장, 도서출판 등 이사, 한국자서전협회장, 공동저자 종이책출판 프로젝트 리얼시리즈, 2박3일 호텔책쓰기 캠프, 전자책출판지도사, 자서전출판지도사 등의 콘텐츠를 만들었다. 때론 나도 '언제 이렇게 많은 것을 만들었지?' 하며 놀라고 나 자신을 칭찬한다. "나는 아직도 배고프다." 월드컵 4강 신화라는 놀라운 업적을 낸 히딩크의 말이 생각난다.

나는 말한다. "언제나 내 인생은 지금부터가 시작이다."

❺

가장 행복했던 시간과 힘들었던 시간
지금과 사업 초기

'행복은 이미 우리 안에 있다.'

언제나 우리가 바라는 것은 행복과 성공이다. 예전엔 행복과 성공이 아주 멀고 높은 곳에 있다고 생각했다. 하지만 이제는 안다. 이미 행복하고 성공했다는 것을 말이다. 그리고 언제나 행복과 성공은 바로 지금, 이 순간에 있다. '아직'이 아니라 '이미'다!

"바다 위를 걷는 것이 기적이 아니라 땅 위를 걷는 것이 기적이다." 고 틱낫한 스님이 한 말이다. 그렇다. 우리가 이 땅에 태어나서 하늘 아래 존재하고 걷고 있는 것만으로도 이미 기적을 경험하고 있는 것이다. 돌아보면 인생을 살면서 행복한 순간이 참 많았다. 아내와 만남과 결혼, 두 아이 출산, 1인 기업으로의 성장, 나만의 사무실, 좋은 차, 좋은 집 등. 그중에서 가장 큰 행복은 '나'의 가치를 깨달은 것이다. 나 자신이 가장 소중하고 내가 내 인생의 주인이라는 알게 된 것, 나를 아끼고 사랑하며 진짜 나로 살아가고 있는 지금, 이 순간이 가장 행복하다. 나는 오직 이 시간에만 존재한다.

더불어 내가 경험하고 깨달은 진리와 가치를 글, 책, 강의, 프로그램 등으로 세상 사람들에 전하는 역할과 소임을 다 하고 있어 더욱 감사한 일이다. 나로 인해 누군가가 성장하고 행복함을 느낄 때 이 또한 큰 보람이다.

우리가 힘든 일을 잊을 수 있는 가장 큰 무기는 바로 시간이다. 아무리 힘든 일도 시간이 지나면 무뎌지고 기억 속에서 잊히게 마련이다. 인생을 살면서 누구나 힘든 일을 겪고 위기를 만난다. 고난이 없는 인생은 없다. 이런 다양한 일을 경험하고 이겨내며 우리는 인생을 배우고 삶의 이치와 지혜를 깨닫는다.

내 인생에서 가장 힘든 순간 2가지를 꼽자면 열심히 보고 듣고 배운 대로 살았지만 진짜 나로 살지 못해 가슴 답답했던 시절과 사업 초기다. 여러 이유로 내가 무엇을 원하는지 어떻게 살아야 하는지 아무것도 몰랐다. 어두운 터널 속에 갇혀있고 마치 빠져나올 수 없는 깊은 늪에 빠진 것 같았었다.

그리고 1인 기업 초기 사업에 대한 개념과 나만의 수익 모델이 없어서 힘들었다. 통장에 돈은 다 떨어지고 자존감이 바닥이었다. 하지만 이젠 안다. 모든 것이 경험이고 배움임을, 그때의 시간이 지금의 나를 만들었음을 말이다.

❻

내가 배운 인생의 교훈들
나를 알면 인생은 변한다

우리의 인생이란 참으로 놀랍고 신비하다. 변화를 간절히 원했고 실제로 많이 변했기 때문이다. 또한 앞으로 많은 시간이 남아 있기에 더욱 큰 꿈을 꾸고 희망을 품고 하루하루를 살고 있다. 원하는 것을 생각하고 현실로 이루어 가는 것이 인생의 가장 큰 보람이고 행복이다.

여러분은 세상 사람들에게 전하고 싶은 메시지가 있는가? 있다면 무엇인지 궁금하다. 나는 다음 3가지 메시지를 글, 책, 강의, 영상 등으로 전한다.

당신이 가장 소중합니다.
책은 보는 것이 아니라 쓰는 것이다.
1인 기업이 가장 거대한 기업이다.

이 메시지는 내가 인생을 살면서 느끼고 깨달은 경험에서 나왔다. 그리고 그 시작은 결핍이었다. 나의 소중함을 모르고 살았기에 인생이 공허하고 행복하지 않았다. 그 원인이 내가 나를 모르기 때문이라는 것을 깨닫고 나를 알기 위해 질문, 마음 관찰, 글쓰기를 미친 듯이 했다. 그런 경험으로 "나"라는 가치와 '나연구소' 이름을 내 안에서 운명처럼 만났다.

책을 볼 때보다 쓸 때 더 많이 성장했기에 책 쓰기의 매력을 깨달았고 1인기업의 무한한 가능성을 보았다. 나는 지금 최고의 인생을 살고 있다고 믿는다.

산 정상이 어디냐고 묻는다면
내가 서 있는 지금 이곳이 정상이다.
내가 가는 곳에 길이고
나와 우리는 길을 만드는 사람들이다.

미래는 설레는 동시에 불안하다. 무한한 잠재력과 가능성이 있기에 설레고 모르기에 두렵다. 2가지의 감정 중 무엇을 고를지는 우리의 선택이다. 그리고 선택에는 책임이 따른다.

지금 내 모든 것은 내 선택의 결과기에 내가 책임을 진다는 마음으로 세상을 살아가자. 잘못이 아니라 책임이다. 책임이라는 말은 모든 주도권이 나 자신에게 있다는 말이다.

'내가 애써 얻으려는 것보다 삶이 나에게 주려는 것이 더 크다.' 그렇다. 우리는 길어야 고작 100년을 살다 가지만 우리가 사는 이 세상은 수십억 년을 이어져 왔고 수많은 사람의 지혜가 녹아있다.

세상이 주는 모든 것을 두 팔 벌려 환영하자. 결국 될 일은 되고 우리의 미래는 밝다. 나를 몰라 힘들었고 나를 알고자 노력했고 내가 보이자 인생이 변했다.

모든 것의 답은 이미 우리 안에 있다.
나를 알면 인생은 변한다.
최고의 자기 계발은 나다움이다.

마지막으로 하고 싶은 말이다.

언제나 당신이 가장 소중하다.

' 2장 '

꿈과 도전으로 빛나는 인생 이야기

이은미

❶

어린 시절의 나
어린 시절의 따뜻한 기억과 사랑

　어린 시절, 나는 따스한 햇살이 아닌 조용한 그늘 아래서 자라났다. 엄마 없는 집안에서 아버지와 함께, 작지만 따뜻한 세상을 만들어갔다. 내 곁을 지켜준 아버지의 그 따뜻한 손길은 항상 나를 안전하게 감싸주었다. 하지만 그 손길 하나에도 느껴지는 외로움은 가끔 나를 울릴 때도 있었다.

　다른 아이들은 학교 행사에 엄마를 데리고 오곤 했다. 하지만 나는 그때마다 혼자였다. 그래도 아버지와의 시간은 항상 나를 따스하게 감싸주었다. 함께하는 산책, 함께하는 요리 시간은 나에게는 소중한 보물이었다. 어려운 환경에서 자란 것은 어려움과 외로움으로 내 마음을 깊게 새긴 경험이었다. 그 경험은 나를 강하게 만들었다.

　아버지의 사랑과 따뜻한 지지가 있었기에, 나는 언제나 희망을 잃지 않고 앞으로 나아갈 수 있었다. 그 시절의 아픈 기억이 떠오를 때마다, 아버지의 사랑이 나를 다시 일으켜 세워주었다. 나는 엄마의 부재 속에서도 행복할 수 있다는 것을 알게 되었고, 그 사실이 나를 더욱 강인하게 만들어 주었다. 이제는 나의 이야기를 통해 그 어려움을 이겨낸 내 자신을 기억하고자 한다.

　오랜 시간이 지난 지금, 되돌아보면 그 어린 시절의 기억은 마치 옛사랑 같이 아련하고 아름다웠다. 한탄강 절벽 아래에서 나눈 작은 추억들과 새벽 빛을 안고 시작된 꿈 같은 순간들이 있었고 그 시절, 나의 곁을 지켜준 따뜻한 아버지의 사랑은 언제나 마음 깊은 곳에 남아 있다. 함께한 시간이 얼마나 소중하고 따뜻했는지, 그때만의 순수한 감성이 얼마나 아름다웠는지를 되새겨본다.

　초등학교 시절, 학교에서 수업을 마치면 놀이터로 달려가곤 했다. 흥겨운 시소놀이와 함께 공중그네를 타고 구슬땀을 흘리며 놀았다. 가끔은 나무 그늘 아래에서 모여서 동화책을 읽거나, 종이접기로 작은 공예품을 만들기도 했다.

　그런 작은 순간들이 친구들과의 우정을 더욱 튼튼하게 만들었다. 중학교 때는 더 다채로웠다. 방학 때마다 친구들끼리 모여서 자전거를 타고 주변을 탐험했다. 서로의 집에 놀러가면서 함께 과자를 먹고, 비밀 이야기를 나누곤 했다.

　가끔은 강가로 소풍을 떠나 풍경을 감상하기도 했다. 그러면서 우리는 서로에게 더 가까워졌고, 소중한 추억을 만들었다.

고등학교 때는 친구들과의 야간 자유시간이 가장 기억에 남는다. 하교 후에는 친구 집에 모여서 각자의 이야기를 나누곤 했다. 때로는 늦은 밤까지 함께 공부하거나, 노래를 부르며 즐거운 시간을 보냈다. 그리고 학교 축제나 동아리 활동을 준비하면서 서로를 응원하고 도와주는 모습이 너무 소중했다. 함께한 시간이 나의 인생에서 가장 행복하고 소중한 순간 중 하나로 남아 있다.

그 어린 시절, 시골 마을에서의 나는 항상 친구들과 함께였다. 봄에는 우리가 자주 다녔던 작은 시냇가에서 새싹을 주워서 장난감으로 만들었다. 시원한 물 속에서 물개구리 잡기에 열중한 우리 모습은 마치 모험가 같았다. 가을이면 마을 사람들이 함께 거둔 고랭지에서는 풍요로운 수확이 있었다. 그곳에서는 친구들과 함께 열정적으로 감자를 파거나, 고구마를 땄던 기억이 난다. 함께 힘을 모아 농사를 짓는 모습은 서로를 더 가깝게 만들었다.

여름에는 시원한 시냇물에서 수영을 하거나, 나무 그늘 아래에서 열심히 공기 놀이를 하던 기억이 난다. 친구들과 함께 얼음가루를 사러 가거나, 서로의 집에 놀러가면서 재미있는 이야기를 나누곤 했다. 겨울이면 서로 집으로 모여 눈싸움을 하거나, 따뜻한 차를 마시며 이야기를 나누곤 했다. 서로의 꿈과 희망을 이야기하며 하나둘 성장해가는 모습이 정말 소중했다.

그리고 봄, 여름, 가을, 겨울마다 함께하는 작은 축제도 잊을 수 없다. 마을에서 열리는 축제에는 항상 우리 친구들끼리 모여서 함께 노래하고, 춤추고, 맛있는 음식도 먹었다. 그 소중한 순간들은 지금도 가끔씩 떠올라 마음을 따뜻하게 만들어 준다.

함께한 모든 추억들은 나에게 큰 힘이 되었고, 친구들과 함께한 소중한 순간들은 평생 잊지 못할 소중한 보물이다.

어린 시절의 경험들은 우리의 현재를 형성하고, 그 기억들은 언제나 우리를 따뜻하게 감싸준다. 아버지의 사랑과 친구들과의 추억 속에서 나는 성장했고, 그 소중한 시간들은 언제나 내 마음 깊은 곳에 남아 있다.

❷

성인 시절의 나
사회 초년생에서 탄생한 가족

어린 시절의 추억을 떠올리며 성장한 나는 졸업 후에는 새로운 여정을 시작했다. 첫 직장에서의 경험은 새로움과 불안함이 함께하는 시간이었지만, 그 속에서 많은 것을 배우고 성장할 기회를 얻었다. 그러던 중에 나는 한 사람을 만났다. 그의 따뜻한 미소와 끈끈한 사랑에 힘을 받아 결혼을 하게 되었다.

결혼 후, 우리는 함께 행복한 가정을 이루기 위해 노력했다. 서로의 부족한 점을 이해하고 지지해 주는 것이 우리의 결혼 생활을 더욱 강하게 만들었다. 그리고 우리 가정에는 사랑스런 아이들이 둘 생겼다. 그 순간은 우리 가정에 더 큰 기쁨과 행복을 안겨주었다. 첫째와 둘째가 태어나면서 우리의 삶은 더욱 바쁘고 풍요로워졌다. 아이들의 성장과 함께 우리 부부도 더 많은 책임감을 느끼게 되었다. 아이들과 함께하는 시간은 항상 소중하고 행복했다.

아이들의 웃음소리와 함께하는 시간은 우리에게 큰 힘이 되었다. 아이들을 키우는 과정에서는 서로 협력하고 이해하는 것이 중요했다. 어려움도 있었지만, 그것들을 함께 극복하며 우리 가족은 더욱 끈끈해졌다.

우리의 사랑과 노력으로 이루어진 가정은 항상 따뜻하고 행복했고, 서로의 성장과 꿈을 응원하는 가족이 되었다. 이렇게 가족과 함께한 시간은 언제나 소중하고 행복한 기억으로 남을 것이다. 함께하는 모든 순간이 우리에게 큰 보람과 행복을 안겨준 것 같다. 함께한 시간이 더욱 소중한 가족으로 성장할 수 있도록 서로를 사랑하고 지지하는 것이 우리의 미래도 밝고 행복할 거라 믿는다.

봄이 시작되었을 때, 우리 가족은 큰 변화를 맞이했다.

아들이 태어나면서 우리의 삶은 환한 빛으로 가득 차기 시작했다. 그러나 기쁨도 잠시, 아들의 건강에 문제가 있다는 소식은 우리를 갑작스럽게 뒤숭숭하게 했다. 선천적인 지병으로 시작된 그의 삶은 예상치 못한 도전의 연속이었다.

나는 항상 아들을 향한 사랑과 걱정으로 가득한 눈빛으로 아이를 바라보았다. 밤낮없이 그의 곁에서 함께하며, 병원과 약물로 가득 찬 일상을 견디며 우리 아들을 지켜주었다.

아이의 아픔을 지켜보는 것만으로도 마음이 아프기는 했지만, 가족의 끈기와 사랑은 나에게 힘이 되었다. 아들은 언제나 밝은 에너지와 미소로 우리를 기쁘게 만들었다.

아이의 강인함과 희망이 우리를 격려했고, 그의 작은 손이 우리에게 큰 용기를 주었다. 그는 우리의 자랑스러운 아들이었고, 그의 미소는 우리의 힘이 되었다. 어떤 어려움이 와도, 우리는 항상 함께했다.

아들의 강인한 의지와 우리 가족의 사랑으로, 우리는 모든 어려움을 이겨냈다. 오늘, 우리의 아들은 더 큰 희망과 꿈을 안고 앞으로 나아간다. 우리는 항상 그의 곁에서 응원하고, 사랑으로 이어져 있는 가족이다.

❸

미래의 나
꿈을 이루는 여정

새로운 일에 빠져 살았던 나는 언제나 새로운 지식을 탐구하는 것을 즐겼다. 그리고 언젠가는 나만의 이야기를 책으로 만들어 보고 싶다는 꿈을 품게 되었다. 교육의 세계로의 문을 열고자 나는 꾸준한 교육과 학습을 시작했다. 글쓰기, 그림 그리기, 창작 활동 등 다양한 분야에서 내 능력을 키워나갔다.

나만의 이야기를 책으로 만들기 위해 그림책 작가가 되기로 결심했다. 그림과 이야기로 아이들의 마음을 감동시키고, 영감을 주는 그림책을 만들고자 했다. 그러나 처음에는 많은 실패와 어려움이 있었다.

출판사들의 거절, 자신의 미숙함에 대한 자신감 상실... 그러나 그것들이 나를 더욱 강하게 만들었다. 교육과 배움의 중요성을 깨달았던 나는 평생교육의 중요성에 대해 고민하게 되었다. 나 자신도 끊임없이 발전하고 성장해야 한다는 생각이 들었다.

글쓰기와 그림 그리기를 통해 나는 나만의 창작 활동을 이어나갔다. 실패와 어려움을 극복하며, 나 자신의 새로운 가능성을 발견하게 되었다. 평생교육을 실천하기 위해 나는 전문 강사가 되기로 결심했다. 내가 배운 것을 다른 이들과 나누고, 함께 성장하는 과정에서 보람을 느끼고자 했다.

그리고 오늘, 나는 그림책 작가이자 글작가이자 전문 강사로서의 자리에 서 있다. 꾸준한 노력과 열정이 이룬 결실이며, 꿈을 향한 여정은 아직 끝나지 않았다. 함께 나아가는 여정, 계속되는 배움의 길 위에서 더 나은 세상을 만들어가고자 한다.

❹

도전과 성취의 경험
꿈을 향한 한 걸음

어느 날, 나는 새로운 길을 모색하며 일상의 틀을 깨고자 했다. 평범한 직장 생활에 지친 나는 무언가 새로운 도전이 필요하다고 느꼈다. 그래서 교육의 세계로의 한 걸음을 내딛기로 결심했다. 교육의 문에 발을 딛고 나서면서 나는 새로운 세계를 만나게 되었다.

학습과 성장의 길 위에서 나 자신을 발견하고, 다양한 사람들과 소통하며 새로운 지식을 습득하는 경험은 나에게 큰 보람을 줬다. 자기계발의 중요성을 느끼면서 나는 새로운 도전에 나서기로 했다. 평생 학습의 중요성을 깨닫고, 나 자신을 발전시키기 위한 노력을 시작했다.

평생교육학의 매력에 빠져들면서, 학습의 의미와 가치를 새롭게 깨달았다.

평생 학습은 삶을 더욱 풍요롭게 만들어주고, 지식의 세계에서 새로운 가능성을 열어준다. 새로운 공부를 시작하면서 나는 끊임없는 배움의 길에 서 있음을 느꼈다.

지식의 바다에 뛰어들면서, 성장과 발전을 위한 노력을 게을리하지 않았다. 도전과 어려움이 함께하는 순간들도 있었다. 하지만 그것들이 나를 더욱 강인하게 만들고, 극복과 성장의 기회로 바뀌었다.

　나는 교육자로서의 책임과 역할을 맡으며 성장해 나갔다. 학생들과의 소중한 시간을 통해 나 자신도 더 많이 배우고, 성장할 수 있었다.

　나의 삶은 지식과 경험의 축적으로 가득 찼다. 끊임없는 도전을 통해 나는 더 나은 사람으로 성장하고자 했다. 교육이 나에게 주는 변화와 성취는 크다. 새로운 지식과 경험을 통해 나는 더욱 풍부한 삶을 누릴 수 있었다.

　나의 여정은 아직 끝나지 않았다. 꿈을 향한 나의 여정은 계속되고, 끊임없는 노력 끝에 이루어지는 것을 믿는다. 함께하는 모든 분들과 함께 꿈을 향해 나아가고자 한다.

❺

가장 행복했던 시간, 힘들었던 시간
경제적인 어려움과 새로운 직업

아들의 선천적인 지병으로 인해 많은 돌파구와 힘든 상황을 겪어야 했다. 그럼에도 불구하고, 아이의 밝은 미소와 단단한 의지는 항상 나를 용기롭게 만들다. 하지만 아이의 건강 문제로 인해 병원비가 계속해서 쌓여갔고, 가정 경제는 큰 압박을 받게 되었다.

그러던 어느 날, 남편의 일자리가 IMF로 인해 위기에 처하자 가정은 더욱 힘든 상황에 몰렸다. 그러나 이런 어려움 속에서도 나는 포기하지 않았다. 아이의 치료와 교육을 위해 일하면서 병원비를 마련하고, 가정의 경제적 부담을 줄이기 위해 노력했다. 학원 강사로서의 일은 어려움과 불확실성으로 가득 찼지만, 아이를 위해 힘들지만 보람 있는 시간을 보낼 수 있었다.

더불어 방문교사로서 아이들의 가정을 방문하며 그들의 이야기를 듣고 나누는 과정에서 또 다른 보람을 느꼈다. 어려운 상황에서도 아이들과 함께 보내는 시간은 나에게 큰 힘이 되었고, 그들의 성장과 발전을 지켜볼 수 있어 기쁨과 보람을 느꼈다.

　아들의 치료와 돌봄은 어려움과 슬픔으로 가득한 여정일 수 있었지만, 그의 미소와 열정은 나에게 힘을 주었다. 그리고 이제는 방문교사로서의 경험을 바탕으로 나만의 길을 찾아가고 있었다.

　이 일을 통해 아이들과의 소중한 시간을 보내며, 그들에게 조금이나마 희망과 격려를 전할 수 있는 기회가 되었다. 이것이 나의 아들과의 특별한 여정이자, 새로운 삶의 시작이다. 함께 어려움을 극복하고, 아이들에게 사랑과 보살핌을 주며 보람 있는 삶을 살아가고자 한다.

❻

내가 배운 인생의 교훈들
평생교육과 출판사업
확장을 향한 첫 발걸음

나는 평생교육과 출판 분야에서 새로운 도전을 시작하기로 했다. 끊임없는 배움과 도전을 통해 나의 꿈을 이루기 위해 작은 1인기업을 시작했다. 출판사와의 협업을 통해 나만의 책을 세상에 내놓고, 동시에 평생교육을 통해 학습자들에게 도움이 되는 강의를 진행했다.

평생교육은 사람들에게 새로운 가능성과 기회를 제공하는 중요한 분야라고 믿었다. 그래서 나는 강의를 통해 학습자들에게 지식을 전달하고 그들의 성장을 돕는 일에 열정을 쏟았다. 내 책을 출판하기 위해 여러 출판사와 논의를 거쳤다. 이 과정에서 내 이야기를 보다 완성도 있게 편집하고 발행하기 위해 노력했다. 첫 책이 출간되었을 때의 감격은 이루 말할 수 없었다.

1인 기업으로 시작한 사업은 점차 성장해 나갔다. 책의 출간뿐만 아니라 온라인 강의, 세미나 등을 통해 교육과 지식을 제공하는데 더 많은 기회를 얻었다. 더 나은 교육 전문가가 되기 위해 교육대학원에 진학했다.

전문 지식을 획득하고, 교육에 대한 심층적인 연구를 통해 학습자들에게 보다 나은 지식을 전달할 수 있는 사람이 되고자 했다. 교육대학원에서의 학습과 경험을 토대로 나는 전문 강사로서 더욱 성장해 나갔다. 다양한 강의와 교육 프로그램을 통해 학습자들에게 전문적이고 유익한 내용을 제공하며, 그들의 성장과 발전에 기여하고자 했다.

나는 평생교육의 중요성을 절감하고, 학습자들에게 마음으로 안아주는 역할을 하고 싶다는 열망을 가지고 있다. 지속적인 배움과 도전을 통해 나 자신뿐만 아니라 주변 사람들의 삶에도 긍정적인 변화를 가져다줄 수 있는 사람으로 성장해 나가고 있다.

나의 경험과 지식을 바탕으로 더 많은 사람에게 희망과 용기를 전하며, 평생교육과 출판 시장을 확장해 나갈 것이다. 지속적인 배움과 성장을 통해 나 자신을 발전시키고, 더 많은 이들에게 도움이 되는 삶을 살고자 한다. 이 자서전을 통해 전하고 싶은 메시지는 단 하나다. 어떤 역경 속에서도 희망을 잃지 않고, 끊임없이 도전하고 성장하는 삶을 살라는 것이다.

우리는 모두 자신만의 이야기를 쓰고, 그를 통해 성장해 나가는 존재다. 자신의 이야기를 쓰며, 꿈을 향해 나아가길 바란다. 존재만으로도 소중한 한 사람의 자서전은 사랑과 희망이다. 삶은 어려움으로 가득하지만, 사랑과 희망이 있다면 모두 이겨낼 수 있다는 것을 꼭 기억하자.

'3장'

시간 속 순간들

서연하

❶

아빠의 사랑

"사진 찍기 싫어요!

사진 속에는 커트 머리를 하고 살은 다 타서 가무잡잡한데 눈에 띄는 분홍색 수영복 팬티를 입고 고개는 옆으로 떨구고 얼굴엔 짜증이 가득한 한 아이가 있다. 누가 봐도 남자아이다. 하지만 난 여자다. 분명히 엄마는 비키니 수영복을 챙겨주셨는데 상의는 사라지고 수영복 빤스만 입고 덩그러니 서 있다.

안양에서 태어나 안양시 유원지에 있는 야외수영장을 처음으로 간 날이었다. 엄마는 동생이 어려서 집에서 육아하고 있고 아빠가 딸 셋을 데리고 수영장을 갔다. 혼자서 수영복을 입히려고 이렇게 저렇게 해보시다가 포기하시고 세 딸 모두 남자들처럼 하의만 입고 수영장을 누볐다.

성격이 밝은 언니들은 신나게 놀았지만, 유난히 예민하고 수줍음이 많던 나는 종일 뚱한 표정으로 그 시간을 못 즐기고 징징거리며 다녔다. 체력도 약해 강한 햇빛과 물놀이가 힘에 부쳤다. 나는 집에는 가고 싶고 언니들은 더 놀고 싶다 하고, 아빠도 즐거우신지 더 있다가 가자 한다. 머리는 점점 아파져 오고 다리에 힘이 풀려 혼자 돗자리에 쓰러지듯이 누워있었다. 돌이켜보니 행복한 투정이었다. 80년대 가부장적인 시대, 보통의 아버지들은 늘 밖에 계시고 집에서 육아를 전혀 않는 게 당연했다.

"어디, 여자가!"
"남자 하는 일에 토 다는 거 아냐!"

내가 제일 싫어하는 말들이지만 그때는 그 말들이 너무 자연스러웠다. 심지어 버스 안에는 재떨이가 있어서 남자들은 모두 당당하게 담배를 피웠고 냄새가 고약해도 인상 한 번 쓰지 못했다. 그런 시대에 딸 셋을 데리고 남자 혼자서 야외수영장을 데려갈 정도로 아빠는 자상하셨나 보다.

엄마가 늦게 들어오는 날이면 네 명의 딸들을 쭉 앉혀놓고 김치찌개를 끓이고 솥 밥을 해서 챙겨 먹이고 설거지까지 다 하셨다. 그리고는 대문 밖에 나가셔서 엄마가 오기를 기다리며 골목을 서성거리셨다. 전라도 분이라 말은 투박하지만 섬세하게 행동으로 챙겨주셨다. 요즘 시대엔 그런 사람을 '츤데레'라고 한다고 한다. 그렇게 생각하니 38년생인 아빠가 츤데레의 원조가 아닐까? 생각한다.

자라면서는 아빠가 사랑하는 마음을 말로 하지 않아 느끼지 못했었다. 왜 느끼지 못했을까…. 엄마한테 혼나서 울고 잠이 들면 늘 방에 조용히 들어와서 회초리 맞은 다리에 약도 발라주고 이불을 덮어주고 나가셨다. 그렇게 아빠는 비언어적으로 최선을 다해 표현하셨는데 그때는 내 감정에 매몰되어 알지 못했다. 머리가 조금 크면서 혼자 컸다고 대들면서 무뚝뚝한 딸로 집에 들고날 때 인사하는 게 다였다.

내 나이 33살이 된 어느 날 소화가 계속 안 된다고 병원에 검사를 받으러 가셨는데 갑자기 폐암 말기 판정을 받고 오셨다. 정신이 번쩍 났다. 매일 아침 자전거로 안양에서 여의도까지 다니셨던 분이라 상상도 못 했다. 가족 모두 아무 말도 못 했다.

병원에서는 6개월이라고 했다. 한번 살갑게 애교한 번 부리지도 못했는데 그대로 보내드릴 수는 없었다. 다니던 직장을 시간제로 이직하고 병원에서 아빠와 함께 있으면서 다리를 주물러드리고 물을 떠다 드리면서 나름의 사랑 표현을 했다. 아빠를 닮았는지 말로는 표현하기가 매우 어색했다. 좀 더 용기를 냈어야 했는데 뭐가 그리 급하셨는지 3개월 만에 중환자실에서 눈을 감으셨다.

살면서 후회되는 일들이 누구나 있지만 가장 후회되는 게 사랑하는 사람에게 '사랑해요'라는 말을 못 하고 떠나보내는 일이다. 지금 사랑하는 사람이 옆이 있다면 당장 말하길 바란다. 가까이 없다면 매일 전화해서 말해야 한다.

"아빠, 사랑해요."

❷

사랑으로

"엄마, 이게 뭐야? 생쥐야? 으~~ 징그러워."

"아니야, 네 동생이야."

4살인 큰언니와 엄마와 나누었던 대화다. 큰언니는 아직도 기억이 생생하다고 한다. 아빠가 택시를 잡으러 간 사이 난 엄마 뱃속에서 빠져나왔다. 친할머니가 나를 받아주었는데 머리가 아닌 다리부터 나와서 그냥 죽겠거니 포기했다고 한다.

이불에 돌돌 말아 엎어놓았는데 아빠가 오셔서 왜 애를 업어 놓냐고 뒤집어서 안았는데 살아있다는 걸 증명이라도 하듯 큰 소리로 울었다고 한가. 나의 생명력과 포기하지 않은 아빠에게 감사의 박수를 보낸다.

병원에서 낳았으면 비싼 인큐베이터에 들어가서 한 달 넘겨 있었어야겠지만 집에서 낳아 그대로 가족의 보살핌으로 자연스럽게 성장했다. 하지만 미숙아는 괜히 미숙아가 아니다. 늘 기운이 없었고 감기에 걸리면 일주일은 일어나지 못하고 누워있었다. 약을 먹어도 토하고 밥을 먹어도 토하고 살아서 걸어 다니는 게 신기할 정도였다.

외동딸도 아닌 딸딸딸 집에 셋째딸, 난 늘 친할머니의 눈치를 봤다. 내가 아프면 엄마에게 잔소리 폭탄이 떨어졌다. 그래도 내가 버틸 수 있었던 건 엄마가 어딜 가든 늘 나를 데리고 다녔기 때문이다. 숙기가 없어 친구도 없었고 낯선 사람과는 말도 섞지 않았다.

엄마가 막내를 낳고 힘들어 딸들을 모두 외가에 보냈었다. 의정부 덕정리에 있는 기와집에서 대가족 형태로 살았다. 사촌 언니와 오빠들까지 온통 낯선 사람으로 가득했다. 언니와 오빠들은 반갑다고 같이 놀자고 하는데 온통 집에 갈 생각뿐이었다. 가자마자 대청마루에 앉아 일주일 내내 울기 시작했다.

외할머니가 뭐가 그리 슬퍼서 서럽게 우냐고 한걱정하시고 엄마에게 내 얘기가 전달됐는지 엄마가 나를 데리러 왔다. 남아 있는 큰언니와 작은언니는 외할머니댁에서 1년 정도 살았다. 두 언니는 그때가 가장 즐겁고 재미있었다고 둘만의 추억을 공유하며 깔깔대며 웃는다.

시어머니를 모시고 신생아인 막내를 데리고 살림까지 하느라 힘들었을 텐데 병약한 나까지 잘 챙겨주셨다. 언니들도 외가에 있을 때 엄마가 보고 싶었지만 참았다고 한다.

약하게 태어나 많은 사람의 배려와 사랑으로 건강하게 클 수 있었는데 "난 왜 이렇게 태어났지."라는 피해의식에 사로잡혀 내가 받은 사랑을 외면했다.

　큰언니가 10살 때 딸 넷이 고개 너머 놀이터를 가려고 비탈진 언덕을 열심히 올라가고 있었다. 언니들과 동생은 장난을 치며 뒤에서 따라오고 내가 앞장서서 올라가고 있는데 한쪽 산에서 누런 구렁이 한 마리가 반대쪽으로 넘어가려고 우리가 넘어가야 할 길을 가로질러 가는데 보였다. 순간 다리는 본드를 붙인 듯 떨어지지 않았다. 언니를 부르며 "뱀…. 뱀…. 이야." 울먹이며 소리쳤다.

　돌이 된 듯 서 있는데 누군가 와서 나를 둘러업고 뛰었다. 놀라서 도망가는데 내가 그 자리에 계속 있는 걸 보고 큰언니가 달려와 나를 업고 뛴 것이다. 그날의 기억은 지금도 등골이 서늘하다. 마을에 내려와 삼촌들에게 말씀드려 동네 어른들 여럿이 잡으러 갔다고 한다.

　고등학교 때 친구들이 좋아서 친구들과 노느라 주말마다 늦게 들어가는 날이 많았다. 그때 엄마가 아닌 둘째 언니가 나에게 벌칙을 주었다. 너무 짜증이 나고 싫었다. 엄마, 아빠도 아닌데 2살 위인 언니가 간섭하냐고 반항도 많이 했다. 알고 보니 엄마가 시켰고 언니가 내 걱정을 많이 했다는 걸 나중에 알게 됐다.

아직도 큰언니는 나를 그때의 어린애처럼 잘 보살펴준다. 밥을 먹었는지 챙겨주고 둘째 언니는 일이 생길 때마다 즉각 달려와서 도와준다. 이런 사람들이 없었다면 지금 내가 이렇게 내가 하고 싶은 걸 맘껏 하면서 살 수 없었을 것이다.

　　가족이 없었다면 지금의 나는 없었을 것이다. 지금도 잘되라고 기도해주고 응원해주는 가족, 친구들 인간은 절대 혼자서 살 수 없다. 사랑받지 못했다고 생각했었는데 이렇게 하나하나 보면서 사진으로 들어가 보니 나는 사랑으로 만들어진 사람이었다.

' 4장 '

한해살이가 아니라
다년생의 인생을 살아보자

김종태

❶

어린 시절의 나
아무 생각 없이 살다가 의미를 찾다

나는 전형적인 시골 마을에서 어린 시절을 보냈다. 초등학교와 중학교에 다니던 시절, 집에서 학교까지의 거리는 4km. 매일 걸어서 왕복 2시간 거리였다. 아무 생각 없이 주로 달리며 등하교했다. 그땐 왜 그랬는지 모르지만, 수업만 마치면 모두가 달렸다. 그 시절의 우리는 새 떼 아니면 물고기 떼였던가?

하교하면 소 꼴을 먹이러 들판에 나가거나 소 풀을 하는 일이 일상이었다. 읽을 만한 책 한 권 없는 집안에서, 학교에 가서는 학교니까 공부하고, 집에서는 할 일이 있어 집안일 도와주고. 미래에 대한 꿈을 꾼다거나 무슨 소망을 가진 기억이라곤 하나 없다. 그저 눈앞에 있는 일을 해치우는 데에만 급급했던 것 같다.

고등학교는 부산에서 다녔다. 공업고등학교 전기과에 진학해 졸업 후 취직해 바로 직장생활을 시작했다. 하지만 아무런 만족이 없었다. '나는 무엇을 하며 살아야 할까?' '보람 있는 일이란 무엇일까?' 이런 고민이 20대 초반의 내 머릿속을 지배했다. 단순한 사춘기의 고민이라기보다는, 내 인생을 어떻게 살아야 할지에 대한 젊은 청년의 진지한 고뇌였으리라.

그러던 중, 목회자의 길을 선택하게 되었다. 신학을 공부하고 목사가 되었다. 그것이 내 인생의 큰 전환점이었다. 아무 생각 없이 살던 어린 시절을 지나, 청년 시절 의미를 찾기 시작한 계기와 결과로 그리로 가게 된 것 같다.

지금 돌아보면, 그때의 고민이 지금의 나를 만들었던 것 같다. 단순하고 순수했던 시절을 지나, 의미를 찾고자 하는 본질적 고뇌가 내 인생을 변화시켰다. 어린 시절 시골길을 걸으며 소를 돌보던 철부지, 방황했던 청년을 지나, 보람 있는 일을 찾아 살았던 어른의 시기, 그런 과정을 통해 나는 본질과 가치 추구라는 삶의 방향이 마련된 것 같다.

내 어린 시절은 별생각 없이 지내었으나 그 안에는 나도 모르게 미래의 나를 향한 작은 씨앗이 자라고 있었던 거 같다. 그것이 싹이 나고 자라 지금의 내가 되었으리라. 이런 이야기를 통해 내가 느낀 것은, 현재의 나는 과거의 통합이라는 것, 더 나아가면 유전과 자란 환경, 지나온 세월, 모두가 통합되어 오늘의 나를 만든 것이라고.

❷

성인 시절의 나
목사에서 "밸류업_가이드"로 변신하다

목회 생활을 마칠 즈음, 나는 새로운 세계를 만났다. 카카오오픈톡방을 통해 다양한 종류의 수많은 강의를 들었다. 새로운 세계를 경험하면서 많은 것을 배웠다. 이 과정에서 나는 목사 아닌, 새 브랜드를 갖게 되었다. "밸류업_가이드." 이제 나는 전자(종이)책 쓰기 강사로서, 개인의 삶이나 비즈니스에서 가치와 본질 지향의 삶을 돕는 일을 하고 있다.

처음에는 호기심으로 시작했으나 어느새 내 삶의 주요 부분을 차지하게 되었다. 하루하루가 새롭고, 내가 몰랐던 세상의 지식과 기술들이 내 안에 통합되어 갔다. 마치 무한한 우주의 별들이 하나둘 내 마음에 자리 잡아가는 것 같다.

이제 나는 "밸류업_가이드"로서, 다양한 사람들에게 내 경험과 지식을 나누고 있다. 단순히 강의를 넘어, 사람들의 삶에 실질적인 가치를 높여(up) 주고 싶다. '책은 보는 것이 아니라 쓰는 것이다'라는 믿음을 가지고, 사람들이 자신의 이야기를 글로 풀어내는 것을 도와주고 있다.

미래는 늘 설레면서도 두려운 법이다. 하지만 이제 나는 그 두려움 속에서도 나만의 길을 선택하고 책임지며 살아가고 있다. 이런 변화를 경험하면서, 나는 이제 '나의 길'을 찾았다고 믿는다. 다양한 강의를 들으면서, 그리고 첫 책을 쓰면서 나는 나를 새롭게 만난 것이다.

"내가 애써 얻으려는 것보다 삶이 나에게 주려는 것이 더 크다."는 말처럼, 세상은 우리에게 무한한 가능성과 기회를 주고 있다. 우리는 길어야 고작 100년을 살지만, 세상은 수십억 년을 이어왔고, 거기에 수많은 지혜가 담겨 있다. 그러니 내가 주는 것보다 세상으로부터 얻는 것이 더 많다. 두 팔 벌려 받아들이자. 우리의 장래는 밝다.

이 모든 경험을 통해 나는 나를 더 잘 알게 되었고, 나도 모르게 시작되었던 나를 알아 온 여행이 내 후반 인생을 변화시켰다. 모든 답은 내 안에 있다는 것을 알았다. 나를 알면 삶은 변한다. 최고의 자기 계발은 "나다움"을 찾고, 나답게 사는 것이리라. 삶의 변화를 두려워하지 않고 새로운 길을 찾는 용기가 필요하다.

❸

미래의
"밸류업_가이드"로서의 작가 및
글/책 쓰기 강사

우리는 지금 과거와 전혀 다른 시대에 살고 있다. 특히 코로나19 팬데믹 이후가 그렇다. 바로 우리 시대에 엄청난 변화들이 있었기 때문이다. 1980년의 개인용 컴퓨터(PC) 보급과 인터넷(WWW) 등장 및 대중화, 2007년의 아이폰, 2010년의 안드로이드 스마폰 등장, 그리고 2020년 생성형 인공지능(AI)의 출현으로 우리 개인과 사회는 획기적 발전을 거듭했다.

4년 전부터 시작된 시대 변화도 초스피드였다. 메타버스, NFT, ESG 경영, 기후 위기 및 SDGs, 생성형 인공지능(AI) GPT시리즈(3.5-4o)등 하루가 다르게 일어난 거대하고도 연이은 기술변화와 발전은 현기증이 날 정도였다. 이런 흐름을 읽어내고 따라가는 사람들과 뒤처지는 사람들이 생겨나고 그 격차가 벌어지기 시작했다.

은퇴를 얼마 앞둔 나도 이런 트렌드를 따라가기에 숨이

막힐 정도였다. 그러나 어느 정도의 흐름을 붙잡고, 이제는 "밸류업_가이드"로서 새로운 길을 걷고 있다. 새로 만든 나의 미션은 글 쓰는 일이고, 특히 전자책 쓰기 강사다.

알고 보니 지난 40년 동안 신학과 목회에서 주로 했던 일이 글쓰기였다. 설교를 준비하며 글을 쓰고, 사람들에게 메시지를 전했다. 주중에 보통 10편 이상의 메시지를 썼고, 그 외 강의안이나 교재도 만들었다. 그 경험들이 나를 글쓰기의 길로 자연스럽게 이끌어 준 것 같다.

특히 나의 글쓰기나 전자책 쓰기에서 중요한 것은 가치와 본질을 지향하는 일이다. 글을 통해 사람들에게 더 나은 가치를 전달하고, 더 나은 삶이나 비즈니스를 하도록 돕는 것이 진짜 방향이고, 목표다.

전자책은 이 시대에 맞는 새로운 형태의 소통 방식이다. 전자책은 종이책에 비해 편의성이나 활용도가 너무 좋다. SNS 시대에 아주 적합하다. 강의와 공유 방식에 최적합 물이다. 이 모든 경험을 통해 나는 나를 더 잘 알게 되었고, 그것이 내 후반 삶을 변화시켰다는 것을 알고 있다. 자신의 경험과 지식을 통해 다른 사람들의 삶에 긍정적인 변화를 이끄는 것이 가치지향적인 삶이다.

❹

도전과 성취의 경험
줌(Zoom)에서 다양한 강의를 듣고
바로 강사로 활동

목회 생활을 마칠 즈음부터, 새로운 경험을 많이 했다. 카카오톡 오픈 대화방 개설 방법을 배워 바로 〈하지연 633〉이라는 단톡방을 만들었다. 현재 400명 정도의 회원이 있다. 독서 기본 과정과 경영과정을 배워 북 강독을 실행해 20여 권 이상의 강의를 진행했다.

메타버스를 배워 강의하고, NFT를 배워 강사로 활동했다. ESG 경영 및 SDGs를 배워 온라인에서 강의했다. 컴퓨터나 스마트폰, 그리고 줌(Zoom)의 다양한 기능을 배워 온라인 강의에 적극 활용했다. 블로그나 유튜브 활용법, 그리고 동영상이나 이미지 제작 강의를 듣고 활용했다.

ChatGPT-4(출시될 때마다)를 배워 강의했다. 글쓰기 및 책 쓰기 수업을 듣고 강의했고, 전자책 쓰기, 자서전 쓰기를 배워 강사로 활동하고 있다. 퍼스널 브랜딩 및 홈페이지 제작을 배워 적용하고 있다.

최종적으로 글/책 쓰기 강사로 자리매김했다. 알고 보니 이런 일은 지난 목회 시절에 기본적으로 해 온 일이었다. 일주일에 여러 편의 설교와 강의안을 만들었다. 그런 경험이 바탕이 되어 지금의 글/책 쓰기 강사로 이어진 것 같다.

새로운 도전은 항상 나에게 설렘과 부담을 동시에 안겨주었지만, 그 과정에서 얻은 성취감은 말로 다할 수 없다. 줌(Zoom) 강의를 통해 다양한 경험치가 쌓이고, 그 지식을 나누면서 많은 사람들과 연결될 수 있었다. 이런 과정에서 나 자신이 성장했고, 이제는 다른 이들에게 도움이 되는 길을 찾는다.

미래를 향한 도전은 아직 끝나지 않았다. "밸류업_가이드"로서 더 많은 사람들에게 본질 및 가치 지향적인 삶을 안내하고, 그들이 자신들만의 이야기를 통해 더 나은 삶을 살 수 있도록 돕는 것이 나의 목표다.

이렇게 나의 도전과 성취 경험을 통해 배운 것들은, 내 남은 인생에 큰 자산이 될 것이다. 앞으로도 새로운 도전에 대한 두려움을 이겨내고, 작은 성취를 통해 더 나은 미래를 만들어 갈 것이다.

❺

가장 행복했던 시간과 힘들었던 시간
혼란이라는 터널을 통과하다

지난 세월에 힘들었던 시기들이 있었다. 신체적으로, 정신적으로 두 차원에서 기억난다. 고등학생 시절 장티푸스를 앓아 거의 죽음 직전까지 갔다. 3개월 만에 회복되어 겨우 복학했다. 목회 말년에는 30년 이상 지속된 두통 문제로 후두부 수술을 했다. 그 후유증으로 극심한 통증에 시달려 거의 6개월간 매우 힘든 시간을 보냈다.

정신적으로는 공고를 졸업한 후, 직장생활을 하던 시기였다. '나는 왜 사는가?', '무엇을 해야 하는가?', '삶에 무슨 의미가 있는가?' 이 같은 본질적인 질문들이 나를 괴롭혔다. 목회 시절에도 원하는 대로 되지 않아 17일간 단식기도를 하며 한계를 절감하고 가슴 아파했던 적이 있었다. 그로 인해 6개월 정도 우울증에 빠지기도 했었다.

몇 년 전에는 "은퇴 이후에는 무엇을 하며 지낼까?"라는 고민으로 한 달여간 고심했다. 나의 새 브랜드는 무엇일까? 상당 기간 고뇌하던 중 "밸류업_가이드"를 붙잡았다. 그때의 기분이 이랬다. 아침 안개가 걷히면서 온 세상이 선명하게 드러나 보이듯 나의 새로운 정체성이 그렇게 매우 명료하게 되는 느낌이었다.

그것은 후에 글쓰기와 책 쓰기가 내 본업이라는 사실로 직결되었다.

이렇게 신체적, 정신적으로 어두운 터널을 통과하는 동안 혼란스러웠지만, 그 끝에는 밝은 빛이 있었다. 이 과정을 통해 나는 나를 새롭게 만났고, 강해졌고, 미래로 가는 길이 더욱 선명하게 그려졌다. 아울러 즐거웠던 시간도 있었다. 새로운 도전을 통해 작은 성취감을 느끼는 일과 사람들과 지식을 나누며 얻는 기쁨들이었다.

이제는 밸류업_가이드로서 더 많은 사람에게 내 경험과 지식을 나누고, 그들의 삶에 긍정적이며 선한 영향을 미치며 사는 것이 나의 목표다. 신체적, 정신적 혼란의 터널을 통과하면서 배운 것들이 나를 돌같이 더 단단하게 만들었고, 더 많은 사람에게 도움이 되는 길을 찾게 해주었다.

이제 나는 그 터널을 지나온 자로서, 다른 사람들에게 더 쉬운 길을 안내해 줄 수 있다. 그들도 자신을 새롭게 만나는 경험이 있게 될 것이고, 그리고 그들 자신만의 길을 찾을 수 있도록 돕는 것이 나의 소명이다.

❻

내가 배운 인생의 교훈들
누구나 다년생 인생살이가 가능하다

2020년 말부터 SNS와 인터넷 세상에서 새로운 경험을 많이 했다. 집 안에 홀로 앉아 다양한 수많은 강의를 들을 수 있었다. 이전에는 주로 오프라인에서 위주였던 것들이 코로나19 팬데믹 이후 많은 강좌들이 온라인으로 옮겨왔다.

그렇게 배우기를 어느덧 3년이 넘었고, 4년째 접어들던 어느 날, SERI-CEO에서 마로우 기옌 교수의 강의를 들었다. 그는 이렇게 말했다. "우리는 다년생 식물처럼 다년생 인생을 살 수 있다." 이 말은 내게 큰 확신을 주었다.

또한 카이스트 대학 이광형 총장의 강의도 들었다. "3년만 공부하면 새로운 전공이 하나 생긴다." 그 말을 듣고 보니, 지난 4년 동안 내가 그래왔던 것을 알았다. 그렇게 글/책 쓰기 강사가 된 것이다. 지식정보화 시대에 누구나 집에 홀로 앉아 새로운 주제로 새 전공자가 될 수 있다. 현대 기술문명의 발달로 개인에게 최적화된 환경이 제공되어, 누구나 집에서 홀로 글을 쓰고 책을 만들어낼 수 있게 되었다.

이제 우리는 일년생 식물처럼 평생 하나만의 직업이 아니라, 다년생 식물처럼 다양한 분야의 다양한 전공자로 살 수 있다. 내가 잘할 수 있고, 해서 즐겁고, 보람을 느낄 수 있는 영역을 찾아 100세 시대에 새로운 꿈을 펼쳐보자.

우리는 모두 다년생 인생을 살 수 있다. 변화의 속도는 빠르지만, 더디더라도 계속해 나가면 새로운 전공을 얻을 수 있다. 다양한 분야에서 경험을 쌓고, 그 경험을 통해 새로운 자신을 발견하는 기쁨을 누리자.

미래는 우리에게 많은 기회를 제공한다. 우리는 다년생 식물처럼 해마다 싹이 나고 꽃피고 열매 맺어 끊임없이 새로운 분야에서 성장해 활약할 수 있다. 우리의 인생은 단 한 번의 선택으로 끝나지 않는다. 매 순간 새로운 선택을 통해 내 삶의 영역이 확대되고 새로운 경험을 할 수 있다.

지금 이 시대, 누구나 다년생 인생살이가 가능하다. 나는 이 교훈을 통해 더 넓은 세상을 바라보게 되었다. 이제, 다년생 인생을 꿈꾸며 새로운 도전에 나서보자.

지난 4년 동안 걸어온 길을 비유하자면 이렇다. 야밤에 운전자는 자동차가 비춰주는 100미터 전방 시야를 보고 운전한다. 액셀레이터를 밟고 10미터를 전진하면 자동차는 또다시 100미터 전방 시야를 확보해준다. 이처럼 나는 눈앞에 보이고 조금씩 열리는 세상을 보고 확신이 생기면 전진, 전진했다. 한 방에 미래가 열린다거나 보이지 않았다. 오늘의 '나'는 그렇게 한 걸음, 한 걸음 살아온 온 결과이다.

5장

사랑과 존중으로 꽃 피는 나무

조경희

❶

어린 시절의 나
말은 제주로 사람은 서울로

1974년 어느 늦은 밤, 초등학교 5학년. 전철 매표소 앞에서 초조하게 기다리고 있는 엄마를 향해 걸어갔다. 복사골 부천에서 자라던 내가 서울로 전학을 갔다. "말은 제주도로 보내고, 사람은 서울로 보내라."는 속담처럼, 아버지는 내가 더 큰 세상에서 배움을 얻기를 원하셨다.

낯선 서울에서의 생활은 쉽지 않았다. 낮에는 학교에서 공부하고, 방과 후에는 과외 수업까지 받느라 지칠 대로 지친 몸으로 밤늦게 집에 돌아오곤 했다. 하지만 전철역에서 나를 기다리는 엄마의 얼굴을 보는 순간, 긴장이 풀리고 피로가 녹아내렸다. 엄마의 따뜻한 눈빛과 환한 미소는 내가 힘든 하루를 이겨낼 수 있게 해주는 힘이었다.

초등학교 시절, 나는 운동과 기계체조에서 두각을 나타내며 반장과 부반장을 도맡아 했다. 기계체조 담당 선생님은 체육 대학 진학을 권유했지만, 학교 이사이자 지역 유지였던 아버지는 단번에 거절하셨다.

아버지의 교육 철학은 분명했다. "택! 도 없는 소리"라며 나를 서울로 전학 보냈다. 아버지는 교육의 중요성을 누구보다도 잘 알고 계셨고, 막내딸이자 양념 딸인 나에 대한 사랑 또한 지극하셨다. 나 역시 그 기대에 부응하기 위해 노력했다.

서울 유학 생활은 나에게 많은 것을 가르쳐 주었다. 낯선 환경 속에서 독립심을 키우고, 성실함을 몸에 배게 한 시간들이었다. 중학교와 고등학교 12년 동안 한 번도 지각이나 결석 없이 개근하며 근면 성실을 생활화했다.

고등학교 2학년 때는 체력이 바닥나 학교 가까운 곳에 하숙하며 독립적인 생활을 시작했다. 부모님과 떨어져 생활하면서 내 문제는 스스로 해결해야 한다는 마음가짐을 갖게 되었다.

"말은 제주로, 사람은 서울로"라는 아버지 말씀이 지금의 나를 있게 한 원동력이 되었다. 그때는 몰랐지만 부모님의 기대와 사랑이 나를 키워준 것임을 이제는 깨닫게 된다. 그 시절을 생각하니 사랑으로 키워주신 부모님께 감사한 마음이 든다.

❷

성인 시절의 나
온실 속 화초, 들꽃 되기

1980년. 고2. 박정희 대통령이 저격당하고 5.18 광주사태로 온 나라가 시끌시끌했다. 계엄 하에서도 신문기사, TV마다 군사 쿠테타의 진실 은폐 기사가 돌고 있었다. 광주 시민을 향한 피 얼룩진 총싸움에 우리들은 무슨 일인가 호기심이 가득했다.

사회를 모르니 뭐가 뭔지 몰랐지만 정의롭지 못하다고 생각했다. 사회란 무엇일까? 어느 고등학생이 모의재판에서 이 사건의 주동자를 사형판결 내렸다는 얘기가 우리들 사이에 화자 되며 영웅처럼 느껴졌다. 나는 어떤 결정을 내릴 만한 정보도 의견조차도 없었다. 누군지 모를 그 고등학생이 대단해 보였고, 사회에 대한 호기심으로 가득 찼다.

대학 시절, 국문학을 전공하며 민속 문화에 대한 깊은 관심을 가지게 되었다. 민속연구 동아리에 가입하면서, 민주화 열기가 뜨거운 학생운동의 중심에 서게 되었다. 사회에 대한 궁금증은 점점 더 커져만 갔고, 민속이라는 가면 뒤에 숨겨진 노동자들의 고통에 동참하게 되었다. 넉넉한 집안 환경 속에서 자란 나는 노동자들 앞에서 미안함을 느꼈고, 그들의 아픔을 함께 나누고자 노력했다.

방학 동안 농촌과 공장을 오가며 노동자들과 농부들의 삶을 직접 경험했다. 성남의 한 중소기업 공장에 위장 취업을 하면서, 프레스 기계에 손이 잘린 동료와 지병인 간질을 견디지 못하고 쓰러지는 동료를 보았다.

그들의 삶은 척박했고, 생존을 위해 끝없이 희생하는 모습에 큰 충격을 받았다. 그 충격은 판자촌 산동네에 가출하여 살아 나갈 동기부여가 되었다. 온실 속 화초처럼 자란 나는 변화하고 있었다.

하늘은 왜 나에게 이런 낯선 환경을 경험하게 했을까? 어떤 배움을 주기 위함일까? 화염병을 던지고 최루탄에 맞서며 '군부 독재 타도'를 외쳤다. 그 당시는 그것이 전부라고 생각했다. 그러나 우리의 순수한 민주화 열정은 지나고 보니, 모든 것을 통찰한 논리가 아니었음을 깨닫게 되었다. 그때의 순수함과 무모함, 그리고 이념에 사로잡혀 모든 것을 고집하던 그 시절은 이제 나에게 큰 깨달음으로 남아 있다.

대학 시절의 어려운 경험들은 온실 속 화초였던 나에게

질경이 들꽃처럼 강해지라는 하늘의 시그널이었다. 세상을 배우고, 어떤 일이든 대처할 실력을 키우는 시기였다. 내면은 점점 성숙해졌고, 부모님의 기대를 저버린 채 학교를 중퇴한 것은 가슴 아픈 일이었지만, 그 경험이 나를 단단하게 만들었다.

엄마는 나를 운동권에서 벗어나게 하려고 서둘러 결혼시켰다. 하지만 그 시절의 경험은 나에게 큰 자산이 되었다. 그 시절의 나를 돌아보며, 지금의 내가 있음을 감사하게 생각한다.

❸

결혼의 나
내 성장의 1등 공신

 남편은 현대 중공업에서 일하며 안정적인 직장을 가졌지만, 늘 더 큰 꿈을 품고 있었다. 대리 진급 후, 그는 서울 영업팀으로 자리를 옮겼다. 사업에 대한 꿈을 이루기 위해 그는 요리학원을 다니며 갈비 집을 인수했다. 그러나 사업은 남편 성향에 맞지 않았고, 결국 다시 직장으로 돌아갔다.

 그 와중에 갈비 집 여직원과의 외도로 우리의 결혼 생활은 큰 위기를 맞았다. 결혼 10년, 나는 남편에 대한 믿음을 완전히 잃고 내 인생을 찾아가기로 결심했다. 남편의 외도는 내 인생의 전환점이 되었다. 그때는 남편이 미웠지만 지나고 나니, 남편이 아니었으면 내가 사회에 나가 새로운 환경을 만나려고 했을까? 나의 성장의 1등 공신이 남편이었다는 것을 훗날 깨닫게 되었다.

 나는 불교 대학과 다양한 수련 단체를 찾아다니며 마음의 안정을 찾기 위해 노력했다. 내면의 아이를 만나 상처를 치유하는 시간이 되었다. 수련이 깊어질수록 나와 민족, 그리고 인류를 위해 영혼을 불태워야 할 사명을 깨닫게 되었다. 남편과의 갈등은 우리를 넘어 인류로 확장된 의식을 깨우는 계기가 되었다.

남편 모르게 장사해 꼬불친 돈으로 영성교육 10회를 신청했다. 영성을 맑히고자 하는 모든 수련인 들의 로망, 영능력 개발 프로그램이었다. 8회 차 때였다. 마음을 가라앉히고 명상을 하고 있었다.

머리부터 온몸으로 80% 기운이 차오면서 내게 묻는다. "두려우냐? " 묵직한 기운, 이 기운이 뭐지? 두려웠다. 내가 말을 못하자, "두려워 말라!" 말이 떨어지자마자 온몸으로 차고 들어오는 부드럽고 맑은 기운. 뜨거운 눈물이 났다. 기운은 나의 영혼을 사랑으로 가득 채웠다.

이후 나는 다른 사람들의 몸 상태, 마음, 조상신, 전생을 리딩 할 수 있었고, 하늘의 소리를 들었다. 하늘과 영혼의 존재를 알리는 사명을 다했다. 보이지 않는 비물질 세계가 물질세계를 움직이는 원리를 깨닫고, 현실 문제를 해결해 나갔다.

도원은 많은 회원들로 가득 찼고, 그들의 열정은 대단했다. 이 시기에 나는 영성 수련을 통해 내면의 평화를 찾게 되었다. 회원들과는 사랑과 존중의 마음이 흘렀다. 돌아보면 너무나도 감사한 시간들이었다.

❹

도전과 성취의 경험
인생 2막 글 쓰는 인성 강사

지도자 생활 9년 차, 큰 이념은 한계에 부딪혔고, 경제적 어려움이 닥쳐왔다. 결국 나는 지도자의 길을 접고 방문 교사로 일하며 치열한 세상을 경험했다. 다람쥐 쳇바퀴 도는 일상의 삶은 하혈로 인한 건강 문제로 일을 쉬어야 했다. 그 사이 남편은 또 한 번의 외도로 결국 집을 나갔다. 나는 남편과의 별거를 통해 이별을 결심했고, 우울한 시간을 견디었다.

그때 나의 영혼을 깨우는 스승을 만났다. 법비를 내려주시는 스승님의 진리는 잊었던 나의 혼을 깨우고, 오열하게 했다. 말씀을 통해 만 중생의 꽃이 되어야 할 제자가 한 사람에게 정을 주고 한 사람의 꽃이 되기를 바랐던 과오의 시간이었다는 것을 깨달았다. 내가 할 일은 만 중생을 사랑하는 속에 있었다. 그것이 내가 이 땅에 온 이유이고, 마지막 윤회 없는 삶을 혼신의 힘을 다하고 갈, 제자로서 해야 할 일이라는 것을 깨달았다. 세상에 깨달음을 전하며 살아갈 것이다.

코로나 팬데믹은 전 세계를 멈춰 세웠지만, 나에게는 새로운 기회의 문을 열어 주었다. 온라인 교육이 활성화되면서 줌(ZOOM)을 통한 공부의 길이 열렸고, 나는 그 길을 통해 내 인생을 새롭게 정리하는 계기를 맞이했다.

처음에는 두려움과 낯섦 속에서 시작했지만, 점차 자신감을 얻고 전자책과 자서전 출판 지도사로서의 길을 걷기 시작했다. 내 인생을 돌아보며 쓴 첫 번째 책은 나에게 큰 감동을 주었다. 과거의 아픔과 실패, 그리고 작은 성취들이 하나하나 다시 살아나며 눈물이 났다. 그렇게 나는 전자책 7권과 2권의 종이책 공저를 출간하고, 번역본 전자책도 출간을 도왔다.

현재 나는 타로 마스터로서 사람들의 마음을 읽어주고, 그들의 아픔을 어루만져 주는 역할을 하고 있다. 타로 강사로서 제자들을 배출하고 있으며, 인성교육 강사가 되기 위한 홍익 지도자 과정을 수료하고, 청소년 연구회의 연구에 참여하며 진리와 세상을 잇는 깊이 있는 연구를 진행하고 있다. 이 모든 과정에서 나는 진정한 행복을 느끼고 있다.

미래에는 글 쓰는 인성 강사로서 더 많은 도전을 하고, 더 큰 성취를 이루어 나갈 것이다. 많은 제자를 배출하고,

타로 마스터로서 진정한 사회 어머니가 되며, 법과 사회를 잇는 사회 연구원으로 자리매김할 것이다.

전자책과 자서전 출판을 통해 많은 분의 글이 후대에 귀감이 되는 그날까지, 나는 계속해서 노력할 것이다. 법을 수호하고 전하는 제자로서의 삶 또한 2막의 삶 한 가운데 있게 될 것이다. 나의 인생 2막은 이렇게 새로운 도전과 성취로 가득 차 있다. 이 글을 읽는 모든 이들이 나의 이야기를 통해 용기와 희망을 얻길 바란다. 함께 도전하고, 함께 성장하며, 함께 꿈을 이루어 나가자.

➎

가장 행복했던 시간과 힘들었던 시간
사랑과 존중, 아픈 손가락

가장 행복했던 순간을 떠올리면, 지도자로서 모든 사람을 사랑하고 존중했던 때가 떠오른다. 새벽 수련을 위해 모여든 회원들의 열정적인 눈빛, 서로를 아끼고 존중하는 따뜻한 분위기 속에서 나 역시 마음 깊이 감동했다.

매일 아침 새벽 공기를 마시며 함께 수련하는 그 순간들은 내 인생에서 가장 빛나는 순간이었다. 회원들이 성장하고 변화하는 모습을 보면서, 나 또한 성장할 수 있었던 그 시간들은 잊을 수 없다.

그러나 인생은 늘 행복만 있을 수는 없었다. 가장 힘들었던 시간은 남편과의 시간이었다. 인생에 가장 아픈 손가락이다. 결혼 생활 동안 함께했던 순간들이 주마등처럼 스쳐 지나갔다.

남편의 외도로 인해 신뢰가 깨지고, 우리는 서로에게 상처를 주었다. 이별의 고통은 말로 다 표현할 수 없을 정도로 깊고 아팠다. 외딴섬에 홀로 남겨진 것 같은 고독감, 의

지할 곳 없는 절망감은 나를 절벽 끝으로 몰아넣었다.

그때 나는 '존중'의 가치를 다시금 깨닫게 되었다. 남편과의 이별은 나에게 큰 아픔을 주었지만, 진리를 만나게 했고, 동시에 나를 더욱 단단하게 만들어 주었다. 그의 삶은 나의 성장을 있게 한 희생이며 노력일 수도 있었다는 생각에 이르자, 고맙기까지 했다.

사랑할 때 비로소 성장하고, 존중할 때 비로소 진정한 관계를 맺을 수 있다는 것을 배웠다. 남편과의 관계를 통해 나 자신을 돌아보고, 나의 부족함을 인정하며, 더 큰 사랑과 존중의 마음을 가지게 되었다.

존경하는 스승님의 말씀이 가슴을 울린다.

"너는 신랑을 존중하지 않았다. 존중하며 살면 절대 헤어지는 법이 없고, 서로 존중하며 살면 절대 어려워지는 법이 없다. 그래서 인연을 주는 것이다. 존중할 때 내 힘이 그 사람 힘이 되고, 존중할 때 그 사람 힘이 내 힘이 되어 내 삶이 풍요로워진다."

❻

내가 배운 인생의 교훈들
배움만이 있을 뿐 실패는 없다

　인생을 살면서 우리는 수많은 실패와 좌절을 경험하게 된다. 그러나 이러한 경험들은 단순한 실패로 끝나지 않는다. 그 속에는 값진 배움이 숨겨져 있다.

　사랑했던 사람과의 이별은 내 마음에 큰 상처를 남겼고, 나를 깊은 고통 속으로 빠뜨렸다. 그러나 그 아픔 속에서도 나는 성장할 수 있었다. 이별을 통해 사랑의 진정한 의미와 관계의 소중함을 깨닫게 되었고, 나 자신을 더 깊이 이해하는 계기가 되었다.

　또한, 지도자로서의 삶에서도 여러 어려움이 있었다. 회원들을 이끄는 과정에서 예상치 못한 문제들이 발생했고, 그로 인해 많은 고민과 갈등을 겪었다. 하지만 그때마다 나는 좌절하지 않고 문제를 해결하기 위해 노력했다. 그 과정에서 나는 리더십의 진정한 의미를 깨닫게 되었고, 더욱 단단한 지도자로 성장할 수 있었다.

"배움만이 있을 뿐 실패는 없다."

이 신념은 내 삶의 모든 순간에 나를 지탱해 주는 힘이 되었다. 실패를 두려워하지 않고, 그 속에서 배우고 성장하려는 마음가짐은 나를 더 나은 사람으로 만들어 주었다. 삶의 길 위에서 만난 수많은 사람과의 인연도 나에게 큰 가르침을 주었다.

내 가족들, 남편, 두 딸, 형제들, 그리운 엄마, 그리고 나의 영성을 깨워주신 스승님, 그들의 희생으로 나의 깨달음이 있었기에 감사하다. 우리는 혼자 살아가는 존재가 아니라, 서로에게 기대고 의지하며 함께 성장해 나가는 존재임을 느꼈다.

삶은 끊임없는 배움의 연속이다. 우리는 실패를 통해 배우고, 그 배움을 통해 성장한다. "배움만이 있을 뿐 실패는 없다"라는 이 진리를 마음에 새기며, 앞으로도 나는 더 많은 도전과 성취를 이루어 나갈 것이다. 이 글을 읽는 모든 분도 실패를 두려워하지 말고, 그 속에서 값진 배움을 얻기를 바란다.

' 6장 '

명상으로 진주 찾은 행복

양선

❶

청소년 시절
운동만 좋아한 꼬마 여자아이

초등학교 땐 난 키 작고 못생기고 있는 듯 없는 듯한 작은 여자아이였다. 책에는 관심이 없다. 운동에만 관심이 많은 아이다. 초등학교 2학년 때 운동장에서 놀거리를 찾으면서 뛰어다녔다. 뛰고 나면 기분 좋았다. 그 후 학교가 끝나면 운동장을 뛰면서 놀았다. 뛰면서 놀면 누가 야단치는 어른 없었다.

다만 5시쯤이면 학교는 문을 닫는다. 토요일은 학교가 끝나면 운동장이 한쪽 그늘 모랫바닥에 앉아서 공기받기했다. 이땐 작은 돌을 모아서 손가락으로 놀이로 공기받기했다. 집에 갈 때까지 작은 돌로 공기받기했다. 내 손바닥은 늘 하얗거나, 부옇다. 돌을 검정 비닐봉지 담아서 집으로 가져갔다.

처음 부모님 몰래 모아두고 마당에서 공기받기했다. 3학년 육상을 하면서 학교 체육대회나 행사 있을 때 릴레이 달리기 대회만 있으면 무조건 나갔다. 학용품이 필요해서 무조건 뛴다. 1등, 2등, 3등 등수만 되면 학용품을 선물 준다. 내 손등에 1등 도장이 찍힌다. 6학년 언니 오빠가 손등을 확인 후 학용품 내 두 손에 놓아준다.

그것을 알고 학교 행사 때마다 무조건 릴레이 신청했다. 그 덕분에 학교 준비물 빼고는 문방구 가지 않았다. 요즈음 문방구를 문구사라고 한다. 난 학교는 운동 빼고는 학교 가기 싫었다. 쉽게 공부를 잘 알려 주는 것도 아니고 공부 잘하는 친구들은 선생님께 칭찬받고 아닌 학생은 매일 야단 맞는다.

이때는 공부 잘하고 잘 사는 친구가 선생님들의 눈에 들어왔다. 중학교 때까지 운동했다. 힘들게 상업 고등학교 다니면서도 그냥 순수 나였다. 어머님 일하는 우유배달 도와주면서부터 시작해서 아르바이트 시작하면서 사회라는 세상에 발을 내밀었다. 사회란 세상도 만만치 않았다. 내면의 근육을 만드는 청소년을 보내었다.

❷

좌충우돌 결혼 시절
27년간의 결혼

28세 상반기에 남편과 결혼했다. 이 결혼도 좀 일이 많았다. 결혼 전 남편에게 도움받은 부분 점도 있다. 서로가 조건 결혼으로 시작이 되었다. 다들 이런 말을 하면 드라마라고 했다. 결혼 후 2년 뒤에 딸이 태어난 후 주부로서 엄마로서 행복 한순간이다. 이 순간은 아주 짧다는 점 알았다. 딸이 아픔을 안 후 집안 분위기 좋지 않았다.

시댁 가족 따가운 시선이 나의 몸과 마음 느낀다. 스스로 믿어지지 않았다. 아직 딸이 어려서 그나마 괜찮았다. 딸을 혼자서 키우기 힘든 부분도 있지만, 함께 대화 나눌 상대가 없다 보니 난 자신도 모르게 안 좋은 쪽으로 살짝 빠졌다. 딸 훈련을 할 수 있는 마음으로 이것저것 알아 가는 과정에 누군가의 덫에 걸려들었다.

짧은 드라마가 끝이 난다. 이젠 기나긴 나의 울고 웃는 드라마가 시작과 나의 내공을 쌓는 12년 드라마가 시작되었다. 연산동으로 옮기면서 아들을 출산했다. 그 후 식구들과 시아버님과 함께 12년을 함께 내 몸처럼 함께 움직였다. 시아버님 병간호는 정말 힘들었다. 딸 초등학교 입학부터 시아버님 병간호는 나의 몫이다.

딸 초등학교 6학년 겨울 방학 12월 마지막 달 마지막 주에 시아버님 돌아가셨다. 쉽지 않은 일이었다. 시아버님과 좋은 추억을 만들었다. 시아버님 덕분에 한가지 공부했다. 기다림과 배려 마음의 근육을 만드는 자신 공부, 그리고 아이들의 인성교육은 제대로 했다. 올바른 인성교육을 몸으로 직접 알려 주었다. 아직 많은 과제는 남았다. 시아버님 돌아가신 후 13년 흘렀다. 딸은 전문 학사 과정 졸업해서 전문 디자인 작가 보육교사 자격증을 취득했다. 아들은 고3 재학 중이다. 난 엄마로서 딸과 아들이 함께 공감하는 엄마가 되어 간다.

❸

나를 찾는 여행
명상으로 행복 찾았다

　7년 전에 김해에서 명상을 시작했다. 나를 찾는 수업이다. 일반 명상 초월명상 등 그 외 고도 명상반도 있었다. 누구나 쉽다고 하는 수업이다. 명상에도 여러 종류가 있었다. 명상은 처음이었다. 누워서 하는 명상 와선, 움직이면서 하는 명상은 행선, 앉아서 하는 명상은 좌선이다. 기본으로 하는 명상이다. 초급 명상을 시작했다. 명상 쉽지 않았다. 명상에 중요한 점! 첫 번째 마음이 정갈해야 한다는 것. 두 번째 자신의 마음이 단단해야 한다. 세 번째 목적이 뚜렷해야 한다. 네 번째 강사 믿음이 있어야 한다. 다섯 번째 상대방이 미운 마음이 생기면 생각하지 말고 자연스럽게 흘려보내라. 여섯 번째 단순해져라.

　초급 ⇒ 호흡조절 수업. 중급 ⇒ 역 복식 호흡과 기수업. 고급 ⇒ 기로 통해 신체 기치유 수업이다. 초급 수업 잘 받아야 앞으로 어떤 수업이든 진행 가능하다고 했다. 제일 힘든 수업이라고 했다. 일반 호흡·복식 호흡·역 복식 호흡이라고 한다. 명상은 본인의 단전 아래까지 내려가서 무의식을 찾는 것이 제일 중요하다고 한다. 그냥 내 속의 빙하를 찾는 수업이다.

*의식: 정신이 뚜렷이 있을 때 기억하는 것이다.
*무의식: 멍때리는 세계이다. (뇌 속에 찌꺼기를 걷어 내는 수업)

　1년 6개월 동안 많은 것을 익히면서 어려운 과제를 배우면서 신체 변화 신기 실제로 느꼈다. 말로 설명하기 힘들었다. 하나씩 배우고 익히고 실습 통해서 나를 찾고 자신이 무엇할 수 있는지를 알았다. 그리고 내가 할 수 있는 일을 찾아서 행복함을 느꼈다. 딸을 직접 재활을 도와 줄 수 있는 자체만으로 행복함이다. 명상으로 행복의 에너지를 얻었다.

*행복은 스스로가 만든다는 말씀이
너무나 와닿은 말이었다.*

❹

도전과 처방전
말로만 듣던 작가가 되다

 22년 블로그 인연이 되었다. 전자책을 도전하려고 많은 고민으로 전화번호를 누르고 상담자와 함께 전자책 쓰기 하자 판단을 했다. 순간적으로 홀린 듯이 살기 위해서 그냥 했다. 방법이 없었다. 내 몸이 그냥 움직였다. 주위 환경과 내 건강 상태 때문에 할 수 없는 상황이지만, 그냥 하고 싶었다. 통증 때문에 다른 곳에 집중하고 싶었다.

 4월은 개인, 단체 책 출간의 연속이었다. 준비는 줌 수업으로 순식간 진행되었다. 책 제목에 원고 쓰기 피드백 줌으로 하는 모든 일이 그냥 물 흐르듯이 지나갔다. 많이 힘들도 몸이 아프니 그냥 포기도 하고 싶었다. 그런데 많은 작가님이 힘을 주셨다. 그래서 힘들게 나의 첫 전자책 유페이퍼 출판사 등록이 되었다.

 내 생애 첫 도전이다. 그리고 흔적이었다. 나의 통증 없애기 위해 쓴 글이었다. 코로나로 인해 통증이 나를 절망으로 이끌었다. 잠을 잘 수도, 누울 수도 앉아 있지도 못하는 통증이었다. 스마트폰 원고 작업을 했다. 자세를 바꿔가면서 진행했다. 마무리는 노트북으로 진행했다. 내가 글을 쓰게 될 줄은 생각지도 못했다.

글을 쓰는 일이 쉽지 않음을 느꼈다. 난 글을 쓰면서 너무나 편안했다. 무언가 말로 표현 안 되었다. 글 쓰는 분들 대단 하다는 생각 들었다. 난 생애 첫 글을 쓴 글이다. 그리고 나의 처방 약이었다. 많은 약을 먹어도 통증은 줄지 않았다. 그런데 글 쓰는 동안 통증이 줄어들었다. 내, 책으로 시작해서 내 처방 약 (마음에 응급약) 하나 있다는 것이 좋았다.

내, 책이 잘 쓰든, 못쓰던, 잘 팔리든, 아니던 내가 이 세상없으면 내 이름으로 된 책 하나 출간하면 가족이 내가 생각날 때 이, 책을 보면서 나를 잊지 않으면 하는 마음으로 글을 쓴 것도 있다. 22년 도전, 처방전(약), 작가 모든 함께 한 모든 고마운 분들에게 감사합니다. 고맙습니다.

❺

행복한 시간, 힘들었던 시간
나 속에 나를 보다

　운동할 때, 딸과 아들 출산할 때, 2020년 사회복지사 국가자격증을 취득하고 전문 학사 졸업했다. 온전히 내 힘으로 아픈 내 몸으로 이겨냈다. 너무나 행복했다. 딸 디자인학과를 졸업하고 보육학과를 졸업과 보육교사 자격증이 딸 두 손에 들어올 때, 이때는 눈이 퉁퉁 부을 정도로 많이 울었다.

　딸은 내 인생을 다시 설계해 준 스승이었다. 유치원부터 전문대학교 졸업할 때까지 울고 웃는 생활을 했다. 딸은 그 많은 재활을 참아 낸다. 큰딸이라서 그런지, 힘들어도 잘 따라 주었다. 16년 동안 잘 버텨 주었다. 너무나 고마웠다. 딸이 공부하면서 실습하는 모습 직접 보았다. 힘든 실습일지를 직접 작성했다.

　사회에 일원으로 실제 일을 하는 것을 보면서 실제로 졸업하고 자격증 취득까지 많은 정성을 쏟았다. 딸이 해낸다는 자체만 해도 고맙고 행복했다. 아들이 생애 첫 회계 전산 국가자격증 취득할 때다. 두 눈에 눈물이 왈칵 솟아졌다. 그 외 여러 행복한 순간이 조금씩 떠 오른다. 글을 쓰다 보니 힘든 일도 생각 난다.

모임과 수업 진행하면서 많은 상처를 받았다. 특히 가족과 아끼는 파트너에게 받은 상처는 너무나 힘들었다. 이 마음에 단단한 근육을 만들었다. 어떤 책을 보고 사람들과 대화하면서 나를 보았다. 욕심이 많다는 점을 알았다. 내 주변을 조금씩 정리했다. 언어도 조금씩 줄였다. 만남은 상담만 하고 나를 먼저 공부 한 번 더 한다.

많은 여파와 파장 몸으로 느꼈다. 행복한 시간으로 가는 문이었다. 문자로 아들이 하는 한마디 "엄마가 도와주어서 가능했습니다." 이 말에~ 정말 고마웠다. 나 속에 내가 행복한 것인지 아니면 아이들 때문에 행복한 것 인지를 ~~ 자서전 글을 쓰면서 나를 다시 돌아보았다. 지금 내가 하고 있는 한 일이 나에게 얼마나 행복의 에너지를 주는지 점검하는 계기가 되었다.

❻

내가 배운 인생의 교훈들
나를 찾고 직업을 만들었다

　명상을 통해서 주변 환경과 사람이 바뀌면 자신에도 변함을 느꼈다. 내 삶은 내가 세우지만 주변에 사람과 함께 하느냐에 따라 내 모든 면이 달라진다. 고마운 분이 많이 생겼다. 명상 수업을 진행하면서 평생교육학과 재학 중에 교육부 프로그램 개발하면서 일반인부터 기업체 프로그램을 진행해 왔다.

　책 쓰기 프로그램 인연이 되어서 책 출간 함께 내 삶의 운전대가 조금씩 바뀌었다. 교육부 수업과 교육청 수업 진행하면서 글쓰기를 같이 접목하였다. 이 인연 속에 많은 것을 받고 배웠다. 명상으로 통행 신체로 느낀 점과 책을 쓰면서 표현하는 감정들 ….

　책 쓰기 인연으로 동화책, 종이책을 출간할 때마다 계속 울었다. 책 쓰기 인연 덕분에 아이디어 왕 기획 프로그램 전문가 그 외 별명이 많이 생겼다.

봉사·상담·강의 활동으로 별명이 조금씩 늘어났다. 수많은 인연과 연결과 끊어짐을 반복하였다. 나를 바라보는 책을 쓰면서 창피함·고마움 등을 몸으로 느꼈다.

봉사로 나의 직업을 조금씩 설계된다. 명상하면서 책을 쓰고 내면을 뼈대 만들어 간다. 작가로서 나를 사랑하는 법 배웠다. 평생교육사 철학을 두고 올바른 교육을 함께 작가로서 진행 나를 사랑하는 사람이 될 것이다.

'7장'

고난을 딛고 성장한 나의 이야기

임연묵

❶

엄마를 향한 그리움
분가된 가족과의 재회

어스름한 저녁 한 여자아이가 방에서 툇마루로 나오면서 하품과 기지개를 켠다. 마당에 계시는 할머니, 고모가 너 왜 학교 안 갔어? 하고 이야기한다. 소녀는 학교 갔다 와서 잔 것인지, 아니면 학교도 안 가고 저녁이 되었는지 순간 헷갈려서 울음을 터트리고 만다. 할머니, 고모는 순간 당황해서 웃으며 진실을 말한다.

학교 갔다 와서 잔 거라고 소녀는 속으로 생각한다. 그럼 그렇지! 바로 이 소녀가 이 책의 주인공이다. 내용을 보아서 알듯이 나는 학교 내내 개근상을 받을 정도로 성실했다. 학교 빠지면 절대 안 되는 줄 알았다

나는 이렇게 초등 3학년까지 할머니 댁에서 학교에 다녔다. 무관이신 아버지, 어머니, 그리고 2남 2녀 중 셋째다. 엄마는 나만 시골에 남겨둔 채 오빠, 언니, 남동생을 데리고 충남 논산으로 이사를 했다. 왜 나만 남기고 갔을까?

어릴 때는 그런 생각도 하지 못했다. 가끔 엄마가 시골에

오면 엄마 따라간다고 발버둥을 치면서 마당에 흙이 다 파일 정도 발을 비비면서 울었다. 그래서 나는 울보였고 고집이 세다는 핀잔을 들었다.

그렇게 세월이 흘러 초등학교 3학년 1학기 구구단을 외웠는데 매일 나머지 공부를 했다. 구구단을 외우지 못하면 다 외울 때까지 집에 가지 못했다. 그런 일이 반복되면서 창피하기도 하고 학교가 점점 싫어졌다. 방학 때마다 엄마 집에 갔었는데 그때 결심했다. 여름 방학 엄마 집에 가면 이 시골로 절대 돌아오지 않으리라 그리고 여름 방학 엄마 집에 와서 개학 때까지 시골에 내려가지 않겠다고 떼를 썼다.

그렇게 나는 전학하게 되었고 엄마와 함께 살게 되었다. 매일 엄마가 보고 싶어 툇마루에 앉아서 멍하니 먼 산만 바라보던 나는 가족과 함께 있게 되어 행복했다. 그러면서 엄마가 나를 시골에 두고 이사를 할 수밖에 없었던 이유도 알았다. 아빠의 주사와 폭언, 폭행, 한 달이면 몇 번씩 전쟁을 치렀다. 그렇게 우리는 아빠의 술주정을 피해 다니면서 살아남기를 했다

아빠 월급날이 제일 비상이었다. 어김없이 만신창이가 되어서 집에 오면 우리는 군대식으로 엎드려뻗쳐 이유도 없이 맞곤 했다. 장사를 하시다 중간에 들어오신 엄마와 한바탕, 우리는 그 틈을 타 도망쳤다. 그런 날이 반복되었다.

❷

고난 속에서 피어난 난
중학교에서 시작된 독립

아빠의 주사가 절정에 다다른 게 내가 중2 때였다. 너무 힘들었다. 유별나게 나를 더 미워했다. 내가 태어나고 하는 일마다 실패했다고 폭언했다. 재수 없는 년이라는 말을 들을 때마다 삶의 끈을 놓고 싶었다. 나는 왜 태어났을까? 이런 고민을 하면서 나는 살이 급속도로 빠졌다. 여름 방학을 마치고 학교 개학을 했을 때 담임선생님이 나를 몰라볼 정도였다.

나는 처음으로 엄마한테 이야기했다. 집에서 나가고 싶다고. 학업을 중단할 수 없으니 야간 중학교라도 다니는 게 어떨까, 그때 당시 언니도 집에서 나가 야간고등학교를 다니고 있었다. 그래서 언니가 있는 대전에 야간 중학교로 전학했다. 기숙사에 들어갔다. 한방에 6명씩 낯설지만, 마음만은 편했다. 하지만 밥을 먹을 때면 집 생각이 나서 눈물을 훔치며 꾸역꾸역 밥을 밀어 넣으며 슬픔을 같이 넘겼다. 낮에는 회사에서 일하고 저녁 6시~10시까지 학교에 가서 공부하고 기숙사에 돌아오면 저녁 11시 그렇게 중학교, 고등학교 졸업하고 대학교 갈 때쯤 고민을 하게 됐다. 야간 대학교에 들어가면 지금의 회사를 더 다녀야 했다. 나는 너무 지쳐있었다. 지금의 이곳을 빨리 벗어나고 싶어서 학력고사를 보고 대학은 잠시 미룬 채 퇴사하고 무작정 언니가 사는 수원으로 갔다.

언니와 함께 살면서 외로움도 달랬고 엄마처럼 챙겨주는 언니가 있어서 행복했다. 하지만 그 기쁨도 오래가지 못했다. 언니가 결혼하면서 혼자의 외로움을 견디지 못해 다시 고향으로 내려왔다. 아빠도 연세가 드시면서 예전보다 많이 좋아지시긴 했으나 한 번씩 술주정하면 감당치 못했다. 하지만 예전엔 너무 어려서 때리면 맞았지만, 지금은 폭언만 할 뿐 손을 대지는 않았다.

그리고 이제는 나도 가만있지 않고 말대꾸하고 대들었다. 나도 이제 나 자신을 방어할 정도로 성인이 되었기 때문이다. 그렇게 고향에서 세무사무소를 다니면서 숫자에 감각도 없는 내가 숫자로 돈이 왔다 갔다 하는 일을 하게 된 건 아이러니다. 하지만 그때 자영업자들의 애환과 재무 상태를 보면서 간접적인 공부를 많이 했다

직장 생활에 지쳐갈 때쯤 주위 친구들이 하나둘 결혼을 했다. 나는 결혼에 대한 로망은 없었다. 어쩌면 독신으로 살아야겠다는 생각도 했다.

❸

독박 육아의 터널을 지나
울산에서 찾은 나의 교육 열정

28살 지금의 신랑을 친구의 소개로 만나서 울산과 논산 장거리 1년 연애를 한 끝에 결혼하면서 울산으로 내려오게 되었다. 드디어 아버지로부터 멀리 탈출할 수 있어서 기뻤다. 하지만 연고도 없는 울산에서 생활하기는 너무 힘들었다. 문화도 낯설고 투박한 말투에 익숙해지는 데 5년이 걸렸다.

그사이 2년 터울로 아들 둘을 낳았고 누구의 자식에서, 누구의 어머니로, 다시 태어나는 전환점을 맞게 되었다. 그렇게 연고도 없는 낯선 타지에서 혼자만 하는 육아가 시작되었다. 큰아이가 태어났을 때 아이를 두고, 사우나를 가도 아이 울음소리가 귀에 들려서, 혼자서는 외출도 하지 못하면서 한때는 우울증도 와서 힘들었다.

큰아이가 혼자서는 30분도 잠을 자지 않아서 아이를 업고 김치를 담으면서 울기도 여러 차례였다. 아기 엉덩이 살이 헐까 봐 천 기저귀를 사용하면서 손세탁에 손에 통증도

심했지만 견뎌야 했다. 건강에 좋다 하니 둘 다 모유 수유를 하면서, 예쁜 옷은 포기하고 면티에 쫄 바지, 아이를 업는 포대기는 나의 치마 역할을 했다.

그렇게 아이들 엄마로 지낸 지 5년, 큰아이 5살에 유치원에 보내게 되면서 나에게도 시간이란 게 생겼다. 그래서 시간 날 때마다 육아서를 조금씩 읽게 되었는데, 놓쳤던 부분도 많아서 아이들한테 미안한 마음이 들었다. 그렇게 교육에 관심을 두게 되면서 울산 청소년 센터에서 부모교육도 받고, 아이들 영어를 가르치기 위해 문화센터에 다니면서, 발음도 꼬이는 생활 영어도 했던 열정적인 엄마였다.

그렇게 2년 후 둘째 아이도 유치원에 가게 되면서 홀가분할 줄만 알았던 나는 어느 순간 오매불망 아이들 오기만 기다리는 망부석이 된 나 자신을 발견했다. 그렇게 교육에 관심이 있을 즈음 모 출판사 영업사원의 추천으로 책을 사게 되었고, 출판사에서 하는 교육 세미나에 갔다가 그토록 목말라했던 교육 정보에 눈이 번쩍 뜨였다.

아이들 유치원 보내고 나면 매일 출판사에서 하는 교육에 참석하면서, 하루가 어떻게 가는지 몰랐다. 교육을 들을수록 나도 모르게 책을 구입하게 됐다. 그런 나의 모습이 걱정되었는지 남편의 브레이크로 출판사를 그만두고 집에 안착했다.

❹

어린이 서점과 나

책 향기의 기억

친구 소개로 어린이서점 아르바이트를 하게 됐다. 그렇게 8개월 정도 일을 하다가 서점 사장님 소개로 어린이서점을 오픈하게 되었다. 어린이서점 오픈 당시 고민이 많았지만, 과감하게 경제적 지원을 해준 남편이 고마웠다

그렇게 나는 어린이서점을 오픈하면서 장롱 면허증을 꺼내 연수를 받고 목숨을 걸고 운전하면서 출퇴근했다. 내가 해본 것 중 제일 어려운 건 수영이랑 운전인 것 같다. 겁도 많고 아마도 몸치인 것 같다. 그것도 모르고 한때는 무용수가 되고 싶은 꿈도 꾸었다. 그렇게 손과 등에 땀이 나게 운전해 서점에 도착해서 서점 문을 열면, 밤새 주인장을 기다리며 그리움을 책 향기로 반겨주는 것 같아 행복했다.

책 향기는 하루에 피로를 말끔히 씻어 주기에 충분했고 나의 어린 시절을 떠올리게 했다. 어릴 때 우리 앞집에 우리 동네에서 잘 사는 집이었다. 70년대 집에 동화책이 있었

던 걸 보면 그 친구 집은 일본식으로 된 집이었는데 벽장에 동화책을 숨겨 놓고 친구들이 놀러 가면 벽장문을 열면서 엄청나게 자랑했다. 그 친구가 벽장을 열 때마다 책 냄새가 났다.

동화책 1권을 읽고 싶어서 그 친구 잔심부름을 하고 겨우 1권을 빌려 읽었던 기억이 난다. 책은 나에게 추억을 선물하고, 행복을 선물하고, 지금의 나를 있게 한 유일한 친구이며 나를 14년 동안 책방 주인장이 될 수 있게 이끌어준 원동력이다.

이제는 아이들도 성장하여 큰아이는 유치원부터 꿈꿔왔던 길을 5년 고심 끝에 합격해서 직장에 다니고 있고, 둘째는 군에 갔다 와서, 1년 코피 나는 줄도 모르게 열심히 재수해서 자기가 원하는 학과에 들어가서 어느덧 4학년이 되었다. 이렇게 아이들이 자라, 자기 자리를 찾아가는 걸 보면 기특하고 흐뭇하다.

어른들이 말씀하시길 "자식 농사는 공을 들여야 한다."라고 그만큼 아이를 키우며 좋은 환경을 만들어주고, 기다려주며, 아이와 함께 성장할 수 있었던 나.

나는 내가 부모로부터 받은 상처를 아이들에게 전달하지 않으려 부단히도 애를 썼다. 아이들은 '부모의 뒷모습을 보면서 자란다.'라고 하는 말에 성실하게 살려고 노력했다.

❺

배움의 여정
온라인에서 찾은 새로운 길

2020년도 유튜브에서 우연히 마케터분 영상을 보게 되면서 마케팅에 관심을 가졌다. 그동안 서점을 운영하면서 마케팅을 알고 시작했다기보단 서점에 대한 로망이 있었다. 어느 시점이 되니까 내가 정말 잘하고 있는지 이렇게 운영하는 게 맞는지 좀 더 체계적으로 운영하고 싶다고 생각했다. 그렇게 유튜브 영상을 반복해서 보다 보니 그 마케터와 함께한 사업자들의 변화된 모습을 보고 나도 서점 운영에 접목을 해보자 하는 마음으로 오픈 채팅방에 들어가게 되었다. 그렇게 무료 강의와 유료 강의를 들으면서 마케팅 기초에 대해서 배웠다.

처음 들어본 페르소나, 서브 헤드 카피, 타깃, USP, 웨비나, 유튜브 이렇게 생소한 용어는 호기심을 불러일으켰고 하루하루 시간 가는 줄 모르고 강의 듣고 숙제하고, 온라인 ZOOM 강의가 아니었다면 절대 쉽지 않을 편리함에 매료

되고 재미있었다. 그때 온라인에서 만난 만학도분들 직업도 다양했고 배움에 열정이 대단했다. 같이 공부하면서 동기 부여도 많이 되었고 서로 위로하고 힘이 되었다. 그때 배우면서 우스갯소리로 '우리는 앞으로 죽고 싶어도 죽을 수 없다. 배울 게 너무 많아서 했던 이야기도 생각난다.

그렇게 우리는 온라인에서 하루하루 배우며, 온라인 세상 배움에 매료되어 시간 가는 줄 몰랐다. 세상은 많이 변했다. 내가 배우고자 하는 마음만 있다면 집에서도 얼마든지 배울 수 있다. 그렇게 배움에 길은 다양하게 열려있다. 우리는 언제든 컴퓨터 앞에 앉기만 하면 된다. 그렇게 접속만 하면 언제든 배움에 길은 열려있다. 능력에 따라서 배움을 나눠주는 강사분들의 길은 참으로 멋진 메신저의 길이다. 나도 이제는 메신저의 길을 가고 싶다. 그동안 배움과 경험을 나누고 다른 분들의 꿈을 찾아 주고 싶다.

❻

꿈을 향한 용기
한 걸음부터 시작된 이야기

2023년도 나도 강사가 되고 싶다고 생각을 할 즈음 우연히 전자책 수업을 듣게 되었다. 듣는 순간 아 이 정도는 나도 할 수 있겠다는 생각이 들어서 전자책 지도자 자격증을 신청하고 3개월 정도 글쓰기에 빠져 지냈다. 뒤돌아보니 나자신한테 그렇게 몰입해 본 적도 처음이었다.

자격증은 취득했지만 내가 배운 걸 갖고만 있으면, 이대로 또 사라질 것 같았다. 그래서 주변 지인을 설득해서 저렴한 가격에 전자책 쓰기 Zoom 수업을 했다. 그렇게 2명이 전자책을 내고 기뻐하는 모습을 보면서 나 또한 보람을 느꼈다. 몇 차례 지인 코칭을 하고 온라인에서 협업 강의를 하면서 또 한 번 성장했다. 강의하면서 보니 PPT 자료를 만드는 법을 배워야 했다. 부족한 부분을 채워가면서 어제의 나와 다른 나를 발견하게 되면서 자신감이 생겼다.

2024년 1월 나에게 기회가 찾아왔다. 지자체에서 전화가 왔다. 블로그 4강, 전자책 4강, 수업 의뢰가 들어왔다. 전자책은 자신 있었는데 블로그 강의는 망설여졌다. 주무관님이 선생님 블로그 꾸미신 만큼만 해주면 된다고 해서 일단 하겠다고 말해놓고 1월 1일 신정 휴무를 반납하고 도서관에서 블로그 책 4권을 빌려왔다. 그렇게 2박 3일 책을 읽으면서 핵심만 뽑아 PPT 자료를 만들기 시작했다. 부족한 부분은 유튜브, 네이버를 검색해서 PPT 4주 프로그램을 만들었다. 자료 준비하면서 몇 번 후회도 했다. '괜히 한다고 했나'싶었다. 이후 회원이 30명 모집되었다는 말에 중압감 확 생겼다. 이때 머리를 스치는 예전에 드라마에서 보았던 말이 떠올랐다. "왕관을 쓰려는 자 그 무게를 견뎌라." 수업은 4월부터 진행 아직 3개월이 남았다는 여유가 있었다. 그렇게 나는 퇴근만 하면 ppt 자료를 읽고, 고치고, 순서를 바꾸고 중간에 퀴즈도 넣고 하기를 반복, 컴퓨터에 자료를 띄워 놓고 직접 수업하듯이 시간 체크도 하고 준비했다.

수업하기 한 주 전 수업하는 현장 답사도 하고 예기치 못한 상황에 만반의 준비를 했다. 그렇게 블로그 첫 수업 자연스럽게 소개도 하고 회원들 각자 소개도 하면서 10분 지나니 호흡도 자연스럽고 여유가 생겼다.

그렇게 수업해서 어느덧 총 8강 수업 중 1강을 남겨놓고 있다. 일단 시작하면 앞으로 나아가는 것 같다. 그래서 나는 20대에 놓았던 대학교 공부를 하기 위해 원서를 내놓고 기다리고 있다. 이렇게 또 한발 용기를 내어본다.

' 8장 '

반백 년 살면서 깨달은 것들

임승탁

❶

어린 시절의 나
수치심이라는 괴물에
괴롭힘을 당하며 살다

'앗! 들켰다. 들켰어. 어쩌지?' 이런 감정은 처음이었다. "어! 너 여기서 뭐 하는 거야? 지금은 아침 조회시간인데." 국민학교 다닐 때 딱 한 번 조회시간에 참석하지 못한 날이 있었다. 쓰레기 소각장 옆에 있다가 (이유는 잘 기억이 나지 않지만) 남자 선생님에게 들켜서 매를 맞고 혼났던 기억이 있다.

그때 그 순간이 지금까지 나의 성장에 줄곧 방해거리가 되었다. 그 일로 다른 친구들 앞에 서는 것이 창피했다. 같은 학교를 다니던 1, 2, 4학년 동생들 앞에서는 고개를 들 수 없었다. 이런 일이 있기 전에, 나는 학생들 앞에 서는 것이 두렵지는 않았다. 웅변도 곧잘 했다. 그런데 그런 나의 모습은 어디론가 사라지고 말았다.

누군가의 앞에서 말을 해야 할 때면 머릿속에서 전쟁이 시작된다. '무슨 말하는 거야? 너나 잘해.' 모두가 그렇게 나를 향해 말하고 있는 표정을 짓고 있는 것처럼 보인다. 식은땀이 줄줄 흐른다.

얼굴에도 등에서도. 어린 시절 한때의 잘못으로 매를 맞았던 순간의 감정이 왜 나를 이토록 힘들게 하는 걸까? 미치도록 싫었다. 괴로웠다. 이토록 나를 괴롭게 한 것은 '수치심'이었다. 수치심이라는 것이 더 잘하고 싶은 나의 마음을 가로막고 있었다. 성장을 가로막는 장애물이었다.

나의 주인은 나인데 주인인 내가 원하지 않는데 왜 이 괴물은 내 안에 존재하는가? 무슨 미련이라도 있는 것인가? 아니면 내가 잡고 있는 것인가? "나는 수치심, 네가 싫어!" 일부 심리학자들은 수치심의 주된 원인 중 하나가 '원하지 않는 정체성'이라고 한다. 아버지가 만들어 준 나의 정체성은 '완벽'이었다.

아버지는 완벽이라는 말씀을 하지 않았지만 그렇게 느꼈다. 어릴 적부터 아버지를 따라 집안 모임에 자주 다녔다. 친척 어른들 앞에서 아버지는 나의 현재와 미래를 규정하곤 하셨다. '장남, 육사, 장군' 이 세 단어가 나를 옭아매었다.

나는 아버지가 규정한 '나'를 벗어날 수 없었다. 그것이 '효도'라고 생각했다. 그런데 시간이 지나면서 흠집이 생겼던 것이다. 한 번은 어른들이 논에서 모내기를 하고 있는 곳에 갔다가 거머리가 다리에 붙었다. "살려주세요. 잘못했어요. 잘못했어요"하며 펄쩍펄쩍 뛰면서 울었다.

모내기를 하던 어른들은 거머리에 놀라 펄쩍펄쩍 뛰어다
니는 내 모습에 한바탕 웃음바다를 이루었다. 나는 하찮은
거머리에 물려 호들갑을 떨었던 것이 너무나 부끄러웠다.
두고두고 웃음거리가 되었다. 지금도 어머니는 그때의 상황
을 생생하게 기억하고 계셨다. 한바탕 웃으시기도 하셨다.
이렇게 어린 시절의 아픈 경험과 원하지 않은 정체성으로
내 안에 태어난 '수치심'이라는 괴물로 인해 괴로워하며 무
거운 발걸음을 한 걸음 한 걸음 옮기며 걸어갔다.

❷

성인 시절의 나
꼴찌의 힘을 깨닫다

누구나 기다리던 대학의 낭만은 내 앞에 없었다. 오히려 군복을 입어야 했다. 고등학교 졸업식도 못하고 1987년 1월부터 육사에서 훈련을 받기 시작했다. 3월에 실시하는 육사 입학식 전에 군인화 과정이었다. 이 훈련과정을 무사히 마치고 3월 입학식을 시작으로 나의 성인 시절은 시작되었다.

나의 사관학교 입학과 졸업 성적을 3 등분한다면 C, 하, 3 등으로 표현되는 꼴찌그룹에 속한다. 학급편성은 C반에 속했다. 그래서 더 이상 밀려나지 않기 위해, 더 정확히 말해 퇴교당하지 않기 위해 4년 동안 몸부림쳤다. 퇴교당했다는 창피함을 도저히 감당할 자신이 없었다. 그 누가 이 마음을 알 수 있으랴. 올라갈 곳은 있어도 올라서기 어려운 것이 눈앞의 현실이었다. 4년의 삶을 그렇게 버티느라 힘겨웠다. 문과생으로서 화학, 미적분 등 이과과목을 배울 때면 이해하지 못하는 장벽에 부딪힐 때가 많았다. 그때는 한 가지 방법 밖에 없었다. '무조건 암기'였다. 문제유형과 풀이과정, 답을 모조리 외울 수밖에 없었다. 이런 마음을 부모님께 들킬까 봐 조마조마했다.

가족들의 응원에 힘입어 뒤에서 세는 것이 더 빠른 성적이었지만 사관학교를 무사히 졸업하게 되었다. 묵직한 졸업성적은 어딜 가나 나를 가장 먼저 알려주는 선발대 역할을 했다. '우수한 인재는 아니군!' 뭐 이런 선입관을 갖게 해줬다고나 할까? 이런 꼴찌그룹에 속한 내가 살 길은 '성실'과 '배움의 자세'로 무장하는 것뿐이었다.

Basic에 충실하는 것이었다. 그 결과 30년 인생길을 걸어올 수 있었던 것 같다. 물론 이것이 나만의 노력으로 가능했겠는가? 하나님이 함께하시고 나를 이해해 주신 분들이 많아서 가능했으리라.

꼴찌의 생존법은 '성실, 책임감, 배움, 열정, 인내' 이런 것들이다. 특히, 끝까지 포기하지 않는 정신은 무엇보다 중요했다. 꼴찌의 힘은 끝까지 하는 것이다. 그것도 자기만의 페이스로. 나는 꼴찌도 경기에서 카운트된다는 단순한 사실을 잊지 않았다.

꼴찌의 운명은 스스로가 꼴찌인 것을 자각하고 '탈꼴찌'냐? '꼴찌유지'냐? 마음먹는 것에서 시작한다. 나는 탈꼴찌를 마음먹었지만 마음대로 되지는 않았다. 앞선 주자들과 너무나 실력 격차가 컸기 때문이다. 그래서 어느 순간부터는 꼴찌라도 유지하자는 생각으로 뛰어왔다. 그것마저도 나에게는 때로는 힘이 부치기도 했다. 그러나 꼴찌 유지를 위한 날갯짓을 멈추면 추락한다는 것을 알기에 쉴 수가 없었다.

50대 중반이 되어 천천히 뒤를 돌아본다. 포기하지 않고 30년 이상의 외길을 걸어온 나 자신이 자랑스럽다.

❸

미래의 나
삶의 궤적을 기록으로 남기는 인생 도우미

나는 온라인 서점 '인생책 발전소'를 운영하며 내 삶의
의미를 찾고 있다. 늦은 나이에 글쓰기를 좋아하게 된 나
는, 글이 사람들의 마음을 움직이고 위로할 수 있는 힘을
가졌다는 것을 깨달았다. 시간이 흐르면서 나의 글이 단순
한 개인적인 일기를 넘어, 누군가에게 영감을 줄 수 있는
매개체가 되기를 바랐다. 그래서 나는 내 경험과 지혜를 나
누는 공간인 인생책 발전소를 만들게 되었다.

이 공간은 단순한 블로그나 작가의 작업실이 아니다. 내
가 살아온 이야기와 배운 교훈들을 기록하면서, 그것이 다
른 이들의 삶에 작은 빛이 되기를 바라는 마음이 담긴 곳이
다. 나는 내 글이 사람들에게 용기와 희망을 주고, 그들의
삶을 긍정적으로 변화시키기를 원한다. 이러한 꿈을 가지
고, 나는 글을 쓰고, 매일 새로운 나 자신과 소통하며 내면
의 이야기를 경청한다. 이 모든 과정이 내게 큰 보람이자
의미가 된다.

나는 다양한 사람들과의 소통을 통해 많은 것을 배우고자 한다. 그들의 이야기를 들으며, 각자의 삶이 얼마나 독특하고 소중한지 깨닫게 된다. 이러한 소통은 나에게 더 넓은 시야를 가지게 하고, 더 깊은 이해를 가능하게 한다.

　나는 그들의 경험을 통해 삶의 다양한 면모를 배우고, 나의 글에 그들의 이야기를 담아낸다. 그리고 그들의 이야기를 자서전에 담아 몸은 이 땅에서 사라지지만 그들의 삶의 기록은 인간의 역사에 영원히 존재할 수 있도록 돕는 도우미가 되어 살아갈 것이다. 이로 인해 내 글은 더욱 풍부해질 것이다. 그리고 많은 이들에게 삶의 기록을 남기게 하는 가치 있는 삶을 살아가리라.

　이러한 경험들은 내게도 큰 배움의 기회다. 나는 글을 통해 자신을 돌아보고, 더 나은 사람이 되기 위해 노력한다. 내 글이 누군가의 마음에 닿아 작은 변화를 일으킬 수 있다는 것은 내 삶에 큰 의미를 부여한다.

　앞으로도 '인생책 발전소'를 통해 더 많은 사람의 이야기를 기록하고, 그들의 삶에 긍정적인 영향을 미치고자 한다. 나의 글이 누군가에게 작은 희망이 되기를 바라며, 계속해서 글을 쓰고 사람들과 소통할 것이다. 이 모든 것이 내 인생의 목표이자 사명이다.

❹

도전과 성취의 경험
마라톤 풀코스를 완주하다

단풍나무와 핑크 뮬리가 아름다운 계절의 어느 날이었다. 핫브레이크 3개, 물 500ml 2병을 준비해서 낙동강변으로 출발했다. 강변 주차장에 도착해서 핫브레이크 2개, 물 1병과 스마트폰을 휴대 주머니에 넣고 허리에 차고 뛰기 시작했다. 30km 조금 못 미쳐 점점 속도는 떨어져 가고 있었다. 1km를 5분대로 뛰다가 이제는 7분대가 되었다.

그래도 그날 목표인 30km는 완주를 했다. 비록 속도는 떨어져 가지만 아직 힘과 의지는 있고, 차를 주차했던 장소까지는 4km 정도 더 남은 듯했다. 그래서 어차피 더 가야 하니 그렇다면 풀코스를 도전해 보고 싶다는 마음이 생겼다. 33km 지점에 이르니 양다리의 느낌이 이상했다. '스르르' 무언가 장딴지부터 허벅지로 올라오고 있는 느낌. '쥐가 내리려나 보다. 쥐 내리면 끝인데.' 물론, 그날 목표인 30km는 달성했으니, 멈춰도 되었다. 그런데 아깝다는 생각이 들었다.

'이 위기를 어떻게 극복할 것인가? 지금부터는 위기관리다.' 더 이상 쥐가 나지 않게 일단 걸었다. 이때부터 쥐가 나지 않을 정도로 뛰다가 걷다가를 반복했다. 어느 순간에는 걷는데 졸리기까지 했다. 포기하고 싶다는 생각도 여러 번 들었다. 준비해 갔던 물과 핫브레이크도 모두 떨어졌다. 더 이상의 보급 대책이 없는 가운데 주차장에 있는 차까지 뛰어가야 했다. 차에 있는 예비 핫브레이크 1개와 물 1병이 절실히 필요했다.

처음으로 느껴보는 '힘듦'에 대한 감정을 다스리며 천천히 주차장까지 뛰었다. 드디어 차량 문을 열고 물병을 꺼내서 물을 마시는데 얼마나 맛있던지, 그 맛을 글로 표현하기가 어렵다. 힘을 내서 다시 뛰기 시작했다. 이제 남은 거리는 3km. 평소 이 거리는 자신 있는 거리인데 지금의 3km는 장담하기 어려운 상황, 심적 갈등이 존재했지만, 계속 뛰었다.

어느덧, 스마트폰 달리기 앱에서 42km 도착 음성이 들려왔다. 남은 거리 195m. 스마트폰을 휴대 주머니에서 꺼내 들었다. 남은 거리가 줄어드는 것을 눈으로 보면서 힘을 냈다. '조금만, 다 왔다. 잘했다. 마지막 10m. 끝이다.' 이 말들이 마지막 순간을 함께 했다. 30km 연습을 하러 나왔다가 42.195km 완주를 하다니 놀라웠다.

그래서 나 자신에게 선물해 주고 싶었다. 핑크 뮬리 공원 옆에서 솜사탕을 팔고 있는 곳으로 걸어갔다. 3가지 색상의 솜사탕을 완주 기념 선물로 샀다. 꼭 한 번은 해보고 싶었던 마라톤 풀코스. 공식 대회는 아니었지만, 더 큰 보람이었다. 그 후 2022년 안동 마라톤 대회 풀코스를 완주하였다. 포기하지 않으면, 과정 중에 자기 관리를 잘하면 무엇이든지 끝까지 할 수 있다는 것을 깨닫는 마라톤이었다.

❺

가장 행복했던 시간과 힘들었던 시간
상급자와 갈등의 순간

아내의 온기는 따스한 봄 햇살처럼 따뜻했다. 아내는 두 팔과 가슴으로 나를 꼭 안아 주었다. 말보다 더 진하고 강한 사랑과 위로의 마음이 따스한 온기를 타고 내 온몸으로 퍼져 나갔다. 아내의 사랑의 온기는 내 몸속에 자리 잡은 불만, 괴로움, 자괴감, 불평, 미움 등과 싸우기 시작했다. 이날은 상급자와의 갈등으로 내 마음이 막다른 골목길에서 오갈 데가 없었던 때였다.

처음에는 아무 생각 없이 지냈다. 그냥 열심히 했고, 때론 아내에게 거짓말을 하며 쉬는 날에도 출근했다. 그러다가 동일한 일이 반복되며 마음의 하중을 버티지 못할 정도가 되니 신호가 왔다. 나에게도 쉴 시간이 필요했다.

가족들이 자고 있을 때 출근하고, 아이들이 기다리다가 지쳐 자고 있을 때 퇴근하는 평일 업무였기에 주말은 좀 쉬어야 했다. 그리고 소소한 행복은 일요일에 가족과 함께 교회에 가는 것이다. 그런 행복을 앗아가 버렸다. 평일 업무가 힘들어도 주말의 힐링이 있기에 버틸 수 있었는데 점점 그 시간이 사라지니 급기야 화가 났다. 이런 상황을 털어놓을 사람은 아내뿐이었다.

아내의 입술은 굳게 닫혀있는 듯, 내 귓가에는 아무 소리가 들리지 않았다. 잠시 후 아내는 내 귀에 속삭였다.

"울고 싶으면 실컷 울어요."

처음 들어본 소리였다. 이 말에 내 눈에서는 하염없이 눈물이 흘러내렸다. 아무도 보지 않는 승용차 안에서 아내 품에 안겨 그렇게 울고 있었다.

"나 그만둬 버릴까? 다른 일 찾아볼까?"

"그렇게 힘들면 그냥 그만둬버려요. 다른 일 찾으면 돼요."

앞뒤 상황을 재고 한 말인지 모르겠다. 단지 나에게 자신감을 주기 위해서 그런 말을 한 것일까? 아내의 성격과 기질이라면 직접 돈벌이에 나서고도 남을 성격이다.

아내의 속 마음은 복잡했겠지만 나를 살리기 위해 마음의 온도를 높이고 있었던 것이다. 내 마음의 변화를 이끌 수 있는 100℃가 될 때까지. 어쨌든 아내의 그 말에 나는 정신이 번쩍 들었다. 서서히 나는 심리적 안정감을 찾아가고 있었다. 부정적 감정 쓰레기들에게 정복당했던 나를 따뜻하게 안아 준 동반자 아내가 고마웠다. 그 후 순리적으로 문제를 잘 해결했다.

　살다 보면 누구에게나 참기 힘든 고비가 있기 마련이다. 혼자서는 극복하기 어려운 순간과 마주했을 때 누군가 옆에 있다는 것이 얼마나 축복인가? 그런 의미에서 나는 행운아요 참으로 행복하다. 내 마음의 무게를 기댈 수 있는 그런 사람이 내 옆에 있어서.

❻

내가 배운 인생의 교훈들
幸運(행운)은 없다. 行運(행운)이 있을 뿐

2020년 어느 가을날, 다리가 아파서 매일 하던 달리기 대신에 산책을 했다. 근무하는 대학 내에 잘 꾸며진 산책로를 따라 자연이 주는 안정과 행복을 느끼며 거닐었다. 소나무 숲을 지나 평지를 걷는데 소로 옆에 토끼풀이 많이 있었다. '행운의 클로버를 찾아볼까?' 마음의 소리를 따라 발길을 멈추고 토끼풀을 쳐다보았다. 네 잎 클로버가 눈에 띄었다.

'무슨 좋은 일이 생기려나?'
내심 바라는 것이 있어서 그 일이 이루어지려나 하는 기대심이 생겼다. 내 인생의 첫 번째 책을 출판하기 위해서 원고를 90개가 넘는 출판사에 투고하고 답장을 기다리고 있은 지 1주일이 되어가는 때였다. '한 군데서도 연락이 안 오면 어떻게 하지?' 마음은 초조해졌고 매일 아침 출근하면 메일에 답장이 왔는지 확인부터 했다. 응답 없는 메일함에 한숨만이 나왔다. 1주일이 지나서야 출판사로부터 응답이 오기 시작했다.

그러나 정중한 거절만이 연일 접수되었다. 낙심에 낙심을 거듭하며 하루하루를 보냈다. 출판은 한 곳의 출판사와만 계약하는 것이니 긍정의 답이 올 때까지 기다릴 수밖에 없었다.

2주가 지나니 계약 의사가 있는 2개의 출판사가 나타났다. 1주 동안 고민과 검토를 한 후에 2개 출판사 중 1곳으로 결정했다. 결국 행운의 네 잎 클로버는 이렇게 선물을 가져다주었다. 90여 개의 출판사에 투고한 수고와 노력의 결과였다.

지금까지 살아오면서 느낀 것이지만 幸運(행운)은 없다. 오직 行運(행운)이 있을 뿐, 자기가 행한 것 위에 운이 따른다는 말이다. 다시 말해 자기가 원하는 것이 있다면 먼저 행함으로 운을 담을 그릇을 준비해야 한다.

사람에 따라서는 행함의 결과로 만들어진 그릇이 접시일 수 있고, 밥그릇일 수도 있고, 항아리일 수도 있다. 그렇게 만들어진 그릇의 크기와 모양에 따라 담기는 운의 크기도 다르다. 그릇에 담긴 운의 크기가 일의 성사를 결정하는 것을 느낄 수 있었다.

'나간 사람의 몫은 있어도 자는 사람의 몫은 없다.'는 우리나라 속담도 있다. 이 말들은 行하지 않고는 얻을 수 없다는 의미다. 모든 것이 行한 것 위에 運이다. 運은 움직인다. 어디로? 더 많은 行함의 조건을 쌓은 쪽으로 이동한다.

또는 行함의 조건은 더 적을지라도 뜻이 있는 쪽으로 이동하기도 한다. 행운의 사람이 되고 싶으면 行하는 사람이 되어야 한다. 행운(幸運)은 행함이 없는 모든 사람을 돌아보진 않는다. 그래서 나는 구름 위에서 말만 하는 산책가보다 자기 삶의 터전에서 작은 것이라도 행하는 실천가로 살아가련다.

' 9장 '

30,040시간 도전과 승리

김태진

❶

나의 어린 시절과 성장

부산에서의 유년기는 나의 인생에 깊은 영향을 미쳤다. 부산은 나에게 단순한 고향 이상의 의미를 지닌다. 나는 부산 문현동에서 태어나 자랐고, 이곳에서 나의 첫 꿈과 희망이 싹텄다. 어린 시절 나는 부모님의 사랑 속에서 자랐고, 부모님의 헌신과 노력은 나에게 큰 힘이 되었다. 특히 어머니의 따뜻한 미소와 아버지의 부지런함은 나에게 삶의 중요한 가치들을 심어주었다.

초등학교 시절부터 문학에 대한 관심이 남달랐다. 책을 읽는 것이 즐거웠고, 상상력을 펼치며 글을 쓰는 것이 큰 기쁨이었다. 학창 시절에는 독서와 글쓰기를 통해 많은 것을 배웠다. 특히 중학교 때 한 국어 선생님께서 나에게 문학의 아름다움과 깊이를 알려주셨고, 그때부터 나는 문학에 대한 꿈을 키우기 시작했다.

고등학교 시절에는 독일어를 배우기 시작했다. 당시에는 단순히 제2외국어로 선택한 과목이었지만, 독일어를 배우면서 독일 문학과 문화에 대한 흥미가 생겼다. 이러한 관심은 나를 독일로 이끄는 중요한 계기가 되었다. 나는 독일 문학 작품들을 탐독하며 독일어 실력을 키웠고, 이는 후에 독일에서의 생활과 공부에 큰 도움이 되었다.

문현동에서 보낸 시간들은 나에게 큰 자산이 되었다. 이곳에서 나는 인내와 끈기를 배웠고, 어떤 어려움에도 굴하지 않는 정신력을 키웠다. 부산의 바다와 산은 나에게 자연의 아름다움과 삶의 여유를 느끼게 해주었고, 이곳에서의 경험들은 내 삶의 토대가 되었다.

나는 항상 새로운 도전과 기회를 찾아 나섰다. 경남대학교에서 문학을 전공하며 학문의 깊이를 더했고, 다양한 사람들과의 만남을 통해 세상을 넓게 바라보게 되었다. 대학 시절에는 다양한 활동을 통해 리더십과 협동심을 배웠다. 특히, 문학 동아리 활동을 통해 많은 친구를 사귀었고, 함께 문학 작품을 토론하며 깊은 우정을 쌓았다.

이러한 어린 시절과 성장 과정은 나의 인생에 큰 영향을 미쳤고, 지금의 나를 만드는 데 중요한 역할을 했다. 나의 꿈과 희망은 이때부터 시작되었고, 앞으로의 도전과 성공의 밑바탕이 되었다. 이 모든 경험이 나를 더욱 단단하게 만들었고, 나는 앞으로도 끊임없이 성장하고 도전할 것이다.

❷

독일과의 인연

대학교를 졸업한 후, 나는 독일이라는 나라와 깊은 인연을 맺게 되었다. 경남대학교에서 문학을 전공하던 나는 우연한 기회에 독일어를 접하게 되었고, 그 매력에 빠져들었다. 독일어의 논리적이고 체계적인 구조는 나에게 새로운 도전과 흥미를 불러일으켰다. 독일어를 공부하며 독일 문학 작품들을 접하게 되었고, 이는 나에게 큰 영감을 주었다.

독일에 대한 관심은 점차 깊어졌고, 결국 나는 독일로 유학을 결심하게 되었다. 독일 Wepp GmbH의 Additive 과정을 수료하면서 나의 독일 생활은 시작되었다. 독일은 나에게 전혀 새로운 환경이었지만, 그곳에서의 생활은 나에게 큰 배움과 성장을 가져다주었다. 처음에는 언어와 문화 차이로 인해 어려움을 겪기도 했지만, 이는 나에게 더 큰 도전과 극복의 기회를 주었다.

Wepp GmbH에서의 교육과정은 나에게 매우 유익했다. 나는 자동차 유지 및 보수 제품에 대한 전문 지식을 쌓았고, 이는 나의 경력에 큰 도움이 되었다. 독일의 기술력과 철저한 품질 관리는 나에게 깊은 인상을 주었다. 특히, 독일인들의 철저한 시간 관리와 꼼꼼함은 나에게 많은 것을 깨닫게 했다. 그들의 일하는 방식과 자세는 나에게 큰 귀감이 되었고, 이를 통해 나도 더욱 체계적이고 효율적으로 일할 수 있게 되었다.

독일에서의 생활은 단지 학업과 일에만 국한되지 않았다. 나는 다양한 사람들과의 만남을 통해 그들의 문화를 직접 경험하고 배울 수 있었다. 독일 친구들과의 대화는 나의 독일어 실력을 향상시키는 데 큰 도움이 되었고, 그들과의 우정은 나에게 큰 힘이 되었다. 독일의 다양한 축제와 문화 행사에 참여하면서 그들의 문화를 깊이 이해하게 되었고, 이는 나에게 큰 즐거움이었다.

독일에서의 경험은 나에게 새로운 시각과 가능성을 열어주었다. 나는 독일의 선진 기술과 제품들을 한국에 소개하고 싶다는 꿈을 가지게 되었다. 독일 Wepp GmbH에서의 수료 후, 나는 한국으로 돌아와 독일의 아이디어 케미컬 제품을 국내에 독점 공급하는 사업을 시작하게 되었다. 처음에는 많은 어려움이 있었지만, 독일에서 배운 철저한 품질 관리와 고객 중심의 서비스를 통해 점차 신뢰를 쌓아갔다.

독일과의 인연은 나의 인생에 큰 전환점을 가져다주었다.

그곳에서의 배움과 경험은 나를 더욱 성장시키고 강하게 만들었다. 나는 앞으로도 독일과의 인연을 계속 이어가며, 더 많은 사람에게 독일의 우수한 제품과 문화를 소개하고 싶다. 독일에서의 시간들은 나에게 큰 자산이 되었고, 이는 나의 삶과 사업에 큰 밑거름이 되었다.

❸

베에프코리아의 설립과 초기 어려움

베에프코리아를 설립하기로 결심한 것은 나의 인생에서 가장 큰 도전 중 하나였다. 독일에서 돌아온 후, 나는 독일의 우수한 화학 제품을 한국에 소개하고 싶다는 강한 열망을 품고 있었다. 그러나 현실은 생각만큼 쉽지 않았다. 창업 초기, 나는 여러 가지 난관과 마주해야 했다.

첫 번째 도전은 자금 문제였다. 사업을 시작하기 위해 필요한 초기 자금을 마련하는 것은 큰 부담이었다. 은행 대출을 시도했지만, 신생 기업이라는 이유로 조건이 까다로웠다. 결국, 가족과 친구들의 도움을 받아 겨우 자금을 마련할 수 있었다. 이들의 지원은 나에게 큰 힘이 되었고, 반드시 성공하겠다는 결의를 다지게 했다.

두 번째 도전은 시장 진입이었다. 독일의 우수한 제품을 들여오더라도, 한국 시장에서 이를 받아들이게 만드는 것은 또 다른 과제였다. 나는 제품의 우수성을 알리기 위해 수많은 영업 활동을 벌였다. 하지만 초기에는 아무도 우리의 제품에 관심을 보이지 않았다. 세일즈 미팅에서 번번이 문전박대를 당하고, 제품을 설명할 기회조차 얻지 못하는 경우가 많았다. 이러한 거절과 실패는 나의 자신감을 흔들었지만, 포기하지 않고 계속 도전했다.

세 번째 도전은 신뢰 구축이었다. 한국 소비자들에게 독일 제품의 우수성을 인정받기 위해서는 시간과 노력이 필요했다. 나는 직접 독일로 날아가 생산 과정을 확인하고, 품질 관리 시스템을 철저히 검증했다. 이를 바탕으로 고객들에게 제품의 우수성을 설명하고 신뢰를 쌓아 나갔다. 또한, 초기 고객들의 피드백을 적극 반영하여 제품과 서비스를 개선해 나갔다.

가장 큰 어려움은 첫 3년간의 적자였다. 매출은 좀처럼 늘지 않았고, 매달 운영비를 충당하기 위해 고군분투해야 했다. 몇 번이나 사업을 접을까 고민했지만, 그럴 때마다 나를 지탱해 준 것은 독일에서 배운 끈기와 인내였다. 나는 'Fun & First'라는 회사의 신조를 바탕으로 직원들과 함께 즐겁게 일하며, 문제를 하나씩 해결해 나갔다.

그러한 노력 끝에, 드디어 첫 번째 돌파구가 열렸다. 한 유명 수입차 서비스센터에서 우리의 제품을 사용해 보고 긍정적인 평가를 내렸다. 이를 계기로 다른 서비스센터들도 우리 제품에 관심을 갖기 시작했고, 점차 매출이 증가하기 시작했다. 고객들의 긍정적인 피드백은 나에게 큰 격려가 되었고, 더 열심히 일할 수 있는 원동력이 되었다.

베에프코리아의 설립과 초기 어려움은 나에게 많은 것을 가르쳐 주었다. 어려움을 극복하고 목표를 달성하기 위해서는 끊임없는 노력과 인내가 필요하다는 것을 깨달았다. 이 경험들은 나를 더욱 강하게 만들었고, 앞으로의 도전에서도 중요한 밑거름이 될 것이다.

❹

성공의 열쇠

베에프코리아의 성공은 단순히 운에 의한 것이 아니었다. 그것은 끊임없는 노력, 전략적인 사고, 그리고 변함없는 가치와 철학 덕분이었다. 나는 처음부터 독일 제품의 우수성을 믿었고, 이를 한국 시장에 전달하기 위해 최선을 다했다.

첫 번째 성공의 열쇠는 독일 제품의 품질이었다. 독일은 엄격한 품질 관리와 혁신적인 기술로 유명하다. 나는 이러한 독일 제품의 우수성을 한국 소비자들에게 전달하기 위해 많은 노력을 기울였다.

직접 독일의 공장을 방문하고, 제품의 생산 과정을 눈으로 확인하며 신뢰를 쌓았다. 이를 통해 제품의 품질을 보증할 수 있었고, 고객들에게 확신을 줄 수 있었다.

두 번째 성공의 열쇠는 고객 중심의 마케팅 전략이었다. 나는 고객의 니즈를 정확히 파악하고, 그에 맞는 제품과 서비스를 제공하는 데 집중했다. 초기에는 다양한 시도를 통해 시장의 반응을 확인하고, 이를 바탕으로 전략을 수정해 나갔다. 고객과의 신뢰를 구축하기 위해 항상 정직하고 투명하게 소통했으며, 고객의 피드백을 적극 반영하여 제품을 개선해 나갔다.

세 번째 성공의 열쇠는 철저한 영업 전략이었다. 나는 영업팀과 함께 치밀한 계획을 세우고, 목표를 달성하기 위해 끊임없이 노력했다. 영업은 단순히 제품을 파는 것이 아니라, 고객에게 가치를 전달하고, 신뢰를 쌓는 과정임을 깨달았다. 이를 위해 영업팀은 항상 고객의 입장에서 생각하고, 고객이 원하는 것을 제공하기 위해 최선을 다했다. 이러한 노력 덕분에 우리는 점차 시장에서의 입지를 넓혀 나갈 수 있었다.

네 번째 성공의 열쇠는 혁신과 변화에 대한 열린 자세였다. 나는 급변하는 시장 환경에 적응하기 위해 항상 새로운 아이디어와 기술을 받아들였다. 이를 통해 제품의 경쟁력을 높이고, 고객에게 더 나은 가치를 제공할 수 있었다. 또한, 직원들이 자유롭게 아이디어를 제안하고, 이를 실행할 수 있는 환경을 조성하여 창의성과 혁신을 장려했다.

다섯 번째 성공의 열쇠는 끊임없는 학습과 자기 계발이었다. 나는 항상 최신 기술과 시장 동향을 파악하기 위해 노력했고, 이를 통해 사업에 필요한 지식과 정보를 습득했다. 또한, 직원들도 끊임없이 학습하고 성장할 수 있도록 다양한 교육 기회를 제공했다. 이를 통해 우리는 급변하는 시장 환경에 빠르게 적응하고, 지속적인 성장을 이룰 수 있었다.

마지막으로, 성공의 열쇠는 강력한 팀워크였다. 베에프코리아의 성공은 혼자만의 노력으로 이루어진 것이 아니었다. 모든 직원들이 한 마음으로 협력하고, 각자의 역할을 충실히 수행했기 때문에 가능했다.

나는 항상 직원들의 의견을 존중하고, 그들의 노력을 인정하며, 함께 성장할 수 있는 환경을 만들기 위해 노력했다. 이를 통해 우리는 하나의 강력한 팀으로서 어려움을 극복하고, 성공을 이루어낼 수 있었다.

베에프코리아의 성공은 이러한 다양한 요소들이 어우러져 이루어진 결과였다. 나는 앞으로도 이러한 성공의 열쇠들을 바탕으로 더욱 성장하고 발전할 것이다. 성공은 단순히 목표를 달성하는 것이 아니라, 그 과정을 통해 배우고 성장하는 것이다. 나는 앞으로도 끊임없이 도전하며, 더 큰 성공을 이루어 나갈 것이다.

❺

개인적인 도전과 성취

베에프코리아의 성공 뒤에는 개인적인 도전과 성취의 이야기가 숨어 있다. 내 삶의 다양한 경험들은 오늘날의 나를 만들었고, 끊임없이 성장하게 하는 원동력이 되었다.

걸프전 당시, 나는 평화 유지군으로서 부상으로 인해 큰 시련을 겪었다. 하지만 이 경험은 나를 더욱 강하게 만들었다. 부상의 고통 속에서도 나는 절대 포기하지 않았고, 오히려 이를 통해 인생의 소중한 교훈을 배웠다. 어려운 상황에서도 긍정적인 태도를 유지하며, 끈기와 인내로 문제를 해결해 나가는 법을 익혔다. 이 경험은 이후 사업을 시작할 때 큰 힘이 되었다.

건강 문제 또한 나에게 큰 도전이었다. 창업 초기, 심각한 건강 문제로 인해 사업을 지속할 수 있을지에 대한 고민이 많았다. 그러나 나는 포기하지 않고, 철저한 자기 관리와 치료를 통해 건강을 회복했다. 이 과정에서 배운 것은 건강이야말로 모든 성취의 기본이라는 것이다. 나는 매일 규칙적인 운동과 건강한 식습관을 유지하며, 정신적, 신체적 건강을 지키기 위해 노력했다.

개인적인 사명감과 비전 또한 나를 끊임없이 앞으로 나아가게 했다. 나는 단순히 돈을 벌기 위해 사업을 하는 것이 아니라, 나의 이름 석 자로 멋지게 살고 주변의 역할 모델이 되자는 개인적인 사명감을 가지고 있었다. 이 사명감은 어려운 시기에도 나를 포기하지 않게 했고, 더 큰 목표를 향해 도전하게 했다.

나는 늘 초심을 잃지 않고, 주변 모든 것에 감사하며 오늘을 살아가고 있다. 베에프코리아의 성공은 단순한 사업적 성취를 넘어, 나의 인생에 큰 의미를 부여했다. 나는 직원들과 함께 성장하며, 그들의 성취를 돕는 것에 큰 보람을 느꼈다. 'Fun & First'라는 회사의 신조는 우리 모두가 재미있게 협업하며 일할 수 있게 했고, 이는 회사의 성장과 발전에 큰 기여를 했다. 직원들과의 신뢰와 협력은 나에게 큰 힘이 되었고, 함께 일하는 즐거움은 나의 삶을 더욱 풍요롭게 만들었다.

나의 사업 철학은 단순한 이익 추구가 아니다. 나는 항상 가치와 철학을 중요시하며, 고객에게 진정한 가치를 제공하기 위해 노력했다. 이는 단기적인 성과보다는 장기적인 신뢰와 만족을 목표로 하는 것이다. 나는 'We sell the value before the Price'라는 신념을 가지고, 고객에게 항상 최고의 품질과 서비스를 제공하기 위해 최선을 다했다.

나의 인생은 끊임없는 도전과 성취의 연속이었다. 걸프전의 부상, 건강 문제, 사업 초기의 어려움 등 수많은 시련이 있었지만, 나는 그 모든 것을 극복하며 성장해 왔다. 이러한 경험들은 나를 더욱 강하게 만들었고, 앞으로의 도전에서도 중요한 밑거름이 될 것이다. 나는 앞으로도 끊임없이 도전하며, 더 큰 성취를 이루어 나갈 것이다. 나의 이야기는 아직 끝나지 않았다. 계속해서 새로운 목표를 향해 나아가며, 더 많은 사람에게 영감을 주고 싶다.

❻

미래를 향한 꿈과 비전

베에프코리아의 성장은 단순히 현재의 성공에 머무르지 않는다. 나는 항상 미래를 바라보며 새로운 목표를 설정하고, 더 큰 비전을 향해 나아가고 있다. 나의 꿈과 비전은 베에프코리아를 넘어, 더 넓은 세상에서 가치를 창출하고, 더 많은 사람에게 긍정적인 영향을 미치는 것이다.

베에프코리아의 최종 목표는 단순한 사업적 성공을 넘어, 독일 Idea Spray와 같은 혁신적인 제품을 통해 고객의 삶의 질을 향상시키는 것이다. 우리는 'Fun & First'라는 신조를 바탕으로, 모든 직원이 즐겁게 일하며 최고의 성과를 내는 회사를 만들고 있다. 이를 통해 직원들의 행복과 만족을 높이고, 고객에게는 최고의 품질과 서비스를 제공하고자 한다.

나는 앞으로 베에프코리아를 더욱 성장시키기 위해 몇 가지 구체적인 계획을 세웠다. 첫째, 지속적인 연구개발을 통해 새로운 제품을 출시하고, 시장의 변화를 선도하는 것이다. 우리는 항상 고객의 니즈를 파악하고, 그에 맞는 혁신적인 제품을 제공하기 위해 노력할 것이다. 이를 위해 독일의 선진 기술을 적극 도입하고, 국내외 전문가들과의 협력을 강화할 것이다.

둘째, 글로벌 시장으로의 진출이다. 현재 우리는 국내 시장에서 성공을 거두고 있지만, 앞으로는 더 넓은 세계 무대로 나아갈 것이다. 이를 위해 해외 파트너와의 협력을 강화하고, 글로벌 마케팅 전략을 수립하여 더 많은 고객에게 우리의 제품을 알릴 것이다. 특히, 아시아, 유럽, 북미 등 주요 시장에서의 입지를 강화하여 글로벌 브랜드로 성장하고자 한다.

셋째, 지속 가능한 경영을 실현하는 것이다. 나는 환경 보호와 사회적 책임을 중요시하며, 이를 경영 철학에 반영하고 있다. 우리는 친환경 제품 개발에 주력하고, 생산 과정에서 환경 영향을 최소화하기 위해 노력할 것이다. 또한, 지역 사회와의 협력을 통해 사회적 가치를 창출하고, 지속 가능한 미래를 만들어 나가겠다. 이런 이유로 현재 숙명여자대학교에서 AI ESG융합전문가 과정을 공부하고 있다.

넷째, 직원들의 성장을 지원하는 것이다. 나는 직원들이 회사와 함께 성장할 수 있도록 다양한 교육 프로그램과 복지 혜택을 제공하고 있다. 앞으로도 직원들의 역량을 강화하고, 그들이 자신의 잠재력을 최대한 발휘할 수 있는 환경을 조성할 것이다. 이를 통해 직원들이 자신의 일에 자부심을 느끼고, 더 큰 성취감을 얻을 수 있도록 하겠다.

마지막으로, 나의 개인적인 꿈과 비전도 이루고자 한다. 나는 항상 새로운 도전을 즐기며, 더 큰 목표를 향해 나아가고자 한다. 앞으로는 우주여행과 같은 새로운 경험을 통해 나의 시야를 넓히고, 더 많은 사람에게 영감을 주고 싶다.

또한, 나의 경험과 지식을 바탕으로 후배들에게 멘토링을 제공하며, 그들이 자신의 꿈을 이룰 수 있도록 도울 것이다.

베에프코리아의 미래는 밝다. 나는 우리의 가치와 철학을 바탕으로, 더 큰 성장을 이루고, 더 많은 사람들에게 긍정적인 영향을 미칠 것이다. 나의 꿈과 비전은 아직 끝나지 않았다. 앞으로도 끊임없이 도전하며, 더 큰 성공을 향해 나아갈 것이다. 베에프코리아와 함께 만들어 갈 미래가 기대된다.

‘ 10장 ’

내 인생의 주인공은 나다

김재선

❶

어린 시절의 나
어려운 가정형편에서 영어선생님을 꿈꾸다

어린 시절, 아버지의 사업이 힘들어지면서 어려운 가정형편에서 자랐다. 중학교 입학하면서 모든 것이 새로웠지만 무엇보다 영어는 나를 긴장하게 했다. 그 당시 입학 전에 친구들은 벌써 ABC...대 소문자부터 단어 읽기 그리고 기초 단어 쓰기까지 공부하고 올라왔었다. 하지만 나는 학원 다닐 형편이 안 된다는 점을 너무나 잘 알았기에 그런 말은 입 밖으로 끄집어낼 수 없었다.

하지만 단어 읽기며 해석도 안 되는 상태에서 수업에 대한 흥미도 잃고 너무 힘들어할 때쯤 갑자기 영어 읽기부터 정확히 배우고 싶다는 생각이 들었다. 항상 얌전하고 소심한 성격 탓에 선생님께 따로 질문조차 하는 것도 힘들었다. 궁리 끝에 교과서를 녹음한 테이프를 사야겠다는 생각이 들었다. 그때부터 방과 후에 빈 병과 폐휴지 줍고, 신문 배달을 하면서 돈을 모으기 시작했다.

나의 고향은 부산이다. 그때 보수동 헌책방 골목에서 그 동안 모았던 돈으로 영어 테이프를 사서 오면서

"이제 영어는 내가 끝장내겠어!"

라는 자신감과 희망에 부풀어 뛸 듯이 기쁜 마음으로 집으로 돌아왔던 기억이 아직도 생생하다. 집으로 돌아온 나는 바로 테이프를 개봉해서 큰 녹음기에 테이프를 넣고 들었는데 그 소리가 어찌나 멋지고 좋았는지 모른다.

그때부터 나의 진정한 영어 공부는 시작되었다. 방과 후 집에 돌아와서 남몰래 도청이라도 하듯 영어 녹음기에 귀를 기울이며 잠들기 시작했다. 토요일에 집에 아무도 없을 때는 바로 내 세상이었다. 내가 마치 원어민이 된 듯 큰 소리로 따라 하고 또 따라 했다. 매번 궁금했던 단어와 문장의 정확한 발음과 소리를 알려주는 든든한 가정교사 선생님(?)이 생겨서 정말 기뻤다.

그러던 어느 날 밤, 외국인과 대화 하는 꿈을 꾸게 되었다. 그때 대화 내용은 거의 기억나지 않고 몰랐던 단어도 꿈을 깨자마자 바로 찾아봤던 기억이 난다. 단, 기억나는 건 내가 꿈에서 봤던 단어는 사전에도 없었던 것임은 틀림없었다.

그 후로 영어 학습에 대한 확신과 자신감이 생겼고 앞으

로 영어 때문에 나처럼 힘들어하는 사람들에게 쉽게 가르쳐 주고 싶은 욕구가 생겼다. 매일 매일의 적은 노력이 지속이 되면 큰 변화를 만들어낼 수 있다는 것을 알게 되었다. 그 때부터 영어 선생님이 되어야겠다는 나의 꿈은 시작되었다.

❷

성인 시절의 나

30년 차 영어강의를 하다

영어에 대한 나의 열정은 군대에 가서도 꾸준히 이어졌고 고참과 장교들에게 영어를 가르쳤다. 야전 훈련에서 허리부상을 입은 나는, 중대장의 배려로 잠시 PX에서 근무하게 되었다. 그때 TS(Team Spirit) 훈련 기간 중 만났던 미군과 대화했던 기억도 난다.

엄청 키가 큰 흑인과 백인군인이 걸어와서는 첫 마디가 "Do you carry Gatorade?" 그 당시에도 인기 있었던 스포츠음료 "게토레이" 있냐는 표현이었다. 미군의 굵직한 울림소리는 [게토레이]가 아닌 "[두유 캐애뤼 게이러뤠잇]?"

아마도 정식으로 코 앞에서 코 큰 외국인을 만난 것은 처음인 거로 기억이 된다. 긴장감과 두려움 보다는 반가운 마음에 대화를 나눴다.

내가 그동안 쌓았던 실력을 발휘할 기회였다. 나의 첫 영어 선생님이었던 중학교 영어 교과서 테이프와 EBS 교육 방송에 나왔던 콧수염 원어민 선생님 그리고 MBC 민병철 생활

영어 선생님 덕분이었다. 마지막으로 산동네 고지대에 살았던 터라 수신기 없이도 들을 수 있었던 속사포 AFKN(주한 미군방송)이 있어서 기초를 탄탄히 할 수 있었다.

제대를 하고 30년 가까이 영어와 관련된 회사에 취직했고 학습지부터 영어유치원 그리고 어학원에 이르기까지 영어 가르치는 분야면 무조건 지원했다. 아이들이 성장하고 자신들의 꿈을 이루는 모습에 선생님으로서 자부심과 매력을 느끼며 나 또한 성장할 수 있었던 시간이었다.

하지만 코로나19 팬데믹으로 인해서 공교육이든 사교육이든 모든 분야에서 초비상사태가 발발했다. 급기야 모든 학원은 문을 닫게 되었고 대면 수업이 전면 금지되었다. 하지만 아무리 무서운 코로나도 가르치는 나의 열정은 꺾을 수가 없었다. 그래서 시작된 온라인 줌 수업은 나의 인생 2막이 되어 주었다. 나 또한 새롭게 기기를 다루어야 하는 부담감도 있었지만, 그것도 잠시, 치아 없으면 잇몸이라고 바로 적응해서 수업에 복귀할 수 있었다.

대학 강의도 줌으로 진행하고 이제는 그 어려웠던 순간도 지나서 외부 출강도 다니게 되었다. 유치원 꼬마부터 중고 대학생, 성인에 이르기까지 많은 학생에게 영어를 가르칠 수 있다는 그 자체가 나에게 큰 기쁨이고 보람이었다. 꾸준히 가르치면서 나 또한 성장할 수 있음에 늘 감사하고 행복한 마음이었고 지금도 앞으로도 그럴 것이다.

❸

미래의 나
소외 계층 아이들에게 꿈과 희망을 심어주다

내가 중학교에 입학할 때쯤 아버지께서는 경제적으로 많이 힘들어하셨다. 당시 지금의 행정복지센터에서 학용품과 쌀을 지원해 주셨고 소정의 장학금으로 학교에 다닐 수 있었다. 항상 얌전하고 숙기가 없던 나에게 남녀 복지사분께서 학용품과 500원짜리 동전을 손에 쥐여 주시면서

"넌 참 착하고 의젓해서 나중에 훌륭한 사람이 될 거야!"

그 칭찬과 격려의 말 한마디가 어린 마음에 얼마나 큰 힘이 되었는지 모른다.

사실 나는 많은 사람에게 많은 것을 받았다. 물질이든 마음이든 헤아릴 수 없는 것들이 지금의 나를 만들어 주었다. 이제는 내가 받은 것 이상으로 소외계층 아이들에게 다시 베풀고 그들과 함께하고 싶다. 지금도 부끄럽지만 국제 난민들과 우리 아이들에게 조금씩 지원하고 있다.

현재 전국적으로 200여 개의 '보육원'이 존재한다고 한다. 아이들의 수는 2만 명 이상 존재하고 매년 4천 명의 아동이 시설에 들어온다고 한다. 보호시설에서 독립해야 하는 아이들은 500만 원 이하의 자립 금을 가지고 혼자서 생활해야 한다고 한다. 물론 지금은 조금씩 개선되고 있다고 한다.

코로나 이후로 대면 수업보다 온라인수업이 활성화 되면서 이제는 전국 어디에서든 실시간 수업이 가능해졌다. 앞으로 기본적인 인프라가 구축되면 내가 만든 교재와 강의를 제공할 계획이다.

우리 아이들이 좋아하는 치킨과 학용품 그리고 장학금을 가지고 전국 보육원을 방문할 계획이다. 시간을 아끼는 차원에서 캠핑카를 몰고, 여행가는 기분으로 가능한 많은 아이를 만나고 싶다.

머지않은 미래에는 우리 아이들에게 꿈과 끼를 펼칠 수 있는 공간도 마련해 주고 싶다. 어려운 환경 속에서 꿈을 포기하지 않고 노력하는 아이들에게 희망을 주고 싶다. 영어에 소질이 있고 잘하는 친구들에게는 영어라는 도구를 쥐여줘서 고기 잡는 방법을 전수해 주고 싶다.

아이들의 삶이 조금 더 나아질 수 있도록 돕는 것은 나에게 큰 보람이 될 것이다. 더 나아가, 그 아이들이 성장하여 또 다른 이들에게 도움을 줄 수 있는 선순환을 만들어 가는 것이 나의 궁극적인 목표다. 내 인생의 주인공이 나듯이, 아이들도 각자 주인공이 될 수 있도록 최선을 다해 도울 것이다.

④

도전과 성취의 경험
시집 한 권과 영어 기억법 교재
20권을 완성하다

첫 번째로, 시집을 완성하는 것은 나에게 큰 도전이었다. 어릴 때부터 시를 좋아하긴 했지만, 한 권의 시집을 완성하는 과정은 상상보다 훨씬 어려웠다. 시는 짧은 글이지만, 한 줄 한 줄에 깊은 감정과 의미를 함축적으로 담아내야 하므로 많은 시간이 필요했다.

퇴근 후에 사무실에서 쓰기 시작하면 밤을 새우기 일쑤였다. 초기에는 영감이 떠오르지 않아 많은 시간을 고민했다. 그러나 매일 조금씩이라도 시를 써내려가기로 결심했고, 마침내 40편을 완성했다. 다양한 주제와 심상을 떠 올리며 나만의 시적 스타일을 찾아가는 과정이 매우 흥미로웠다. 첫 시집을 완성했을 때의 성취감은 이루 말할 수 없었고, 그 순간을 통해 끈기와 인내의 가치를 깊이 깨달았다.

두 번째로, 영어 학습 기억법 교재 20권을 완성하는 과정은 또 다른 큰 도전이었다. 영어를 배우는 사람들에게 더

효과적으로 단시간에 최고의 학습 방법을 제공하기 위해 기억법을 연구했다. 파닉스부터 단어, 문법, 구문, 에세이 그리고 회화에 이르기까지 이를 체계적으로 정리했다.

다양한 기억법을 연구하고, 이를 실제로 학습자들에게 적용해 보며 가장 효과적인 방법들을 찾아내야 했다. 또한, 교재의 내용을 쉽고 재미있게 기억할 수 있도록 이미지에 스토리 문장을 포함 시켰다. 다양한 학습자들의 반응과 학습 결과물을 검토하며 내용을 더욱 개선 시켰다.

코로나 때 온, 오프라인을 통해서 학습하신 수백 명의 얼굴들이 지나간다. 이미지 연상 영어를 통해서 소원을 풀었다는 분, 40년 묵은 체증이 확 뚫렸다는 분, 심 봉사 눈뜬 것처럼 영어가 보이신다는 분, 왜 이제 나타나셨나 하셨던 분, 영어의 벽을 허물어 주신 스승님이라며 세무사 시험을 준비하셨던 분 그리고 삼성, 델컴퓨터, 유한킴벌리 임원들과 영어로 강의하셔야 했던 교수님들, 번역가, 영어 강사분들까지 쉽고 재미나게 학습 도움을 받았다는 소식을 듣게 되었고, 이는 나에게 큰 보람과 성취감을 안겨주었다.

이런 과정에서 얻은 교훈과 경험은 내 삶에 큰 변화를 가져왔다. 시집과 영어 학습 교재를 완성하기 위해 필요했던 계획과 노력, 피드백을 통해 개선하는 과정은 문제 해결 능력과 창의성을 크게 향상시켰다. 시집과 특히 영어 학습 교재를 완성한 경험은 큰 자부심과 자신감을 안겨주었다.

❺

가장 행복했던 시간과 힘들었던 시간
첫째 딸의 탄생과
코로나19로 인한 학원 운영난

첫째 딸의 탄생은 내 인생에서 가장 행복했던 순간 중 하나였다. 군대 갔다 와서 이른 나이에 결혼해서 사실상 애가 애를 낳은 상황이었다. 아내와 나는 첫 아이를 기다리며 많은 기대와 설렘으로 가득 차 있었다.

딸이 태어나기 전날, 나는 거의 잠을 이루지 못했다. 그리고 자정이 넘어서 몇 시간 후 소중한 딸이 세상에 얼굴을 내밀었다. 딸의 첫 울음소리를 들었을 때, 말로 표현할 수 없는 기쁨과 감동에 나도 모르게 눈가에 눈물이 흐르고 있었다. 나는 아버지가 된다는 책임감과 함께 큰 행복을 느꼈다. 딸의 울음소리와 가끔 깔깔거리며 웃어주는 모습은 매일매일 우리 가족에게 큰 행복을 선사했고, 그 순간순간은 평생 잊지 못할 추억으로 남았다. 딸의 탄생을 통해 가족의 소중함과 사랑의 가치를 다시금 깨닫게 되었다.

하지만 인생은 언제나 행복한 순간들만 있는 것은 아니었다. 코로나19 팬데믹이 시작되면서 영어 학원을 운영하는 나에게도 큰 어려움이 닥쳐왔다. 갑작스럽게 찾아온 전염병으로 인해 학원은 문을 닫아야 했다.

매출은 급격히 감소했고, 선생님들의 급여와 학원 두 군데 운영비용을 감당하는 것이 점점 더 힘들어졌다. 나는 매일 밤 어떻게 이 상황을 극복할 수 있을지 고민 하며 잠을 이루지 못했다. 하루에 몇 번이고 학원 업을 접어야 할까 생각하다가 막상 그만두어도 할 일도 없었고 솟아날 구멍도 전혀 보이지도 않았다. 미래에 대한 불안감과 공포감은 나를 엄습해 왔다.

그런데도, 이 힘든 시간을 극복하기 위해 죽을힘을 다해 노력했다. 우선, 온라인 수업의 질을 높이기 위해 다양한 교육과 도구 플랫폼을 배웠고, 학습 자료를 디지털화하는 데 노력했다. 평소에는 생각하지도 않았던 마케팅 전략을 배우기 위해 SNS도 해야 했다.

하지만 예상과는 달리 이 어려운 시기는 한 순간 지나가는 폭풍우가 아니었다. 장기간 지속되다 보니 대면 수업도 계속 못 하게 되는 상황이 되어 버렸다. 몇 명 아이들이 코로나에 걸리면서 중간에 학부모님들께서 당분간 쉬겠다는 전화가 연이어졌다.

그 순간들을 생각하면 정말 눈앞이 깜깜하고 막막했다. 하지만 지금은 아이들과 행복하고 즐거운 수업을 하고 있다. 힘든 시기를 통해 인내와 끈기의 중요성을 배울 수 있었고 더 나아가 어떤 어려움이 닥치더라도 이겨낼 수 있는 자신감을 배울 수 있는 소중한 시간이었다.

❻

내가 배운 인생의 교훈들
내 인생의 주인공은 나다

내가 인생을 살면서 가장 중요하게 배운 교훈 중 하나는 "내 인생의 주인공은 나"라는 것이다. 이 말은 기쁠 때나 슬플 때나, 힘들고 괴로울 때 그 누구도 나를 대신해 줄 수 없다는 의미이다. 어린 시절에는 부모님이나 선생님, 친구들이 나를 지켜주고 도와줄 것이라는 믿음 속에 살았다.

그러나 시간이 흐르면서, 결국 내 인생에서 중요한 결정들을 내리고, 그에 따른 결과를 책임지는 사람은 바로 나 자신이라는 것을 깨닫게 되었다. 이 깨달음은 나를 더욱 성숙하게 만들었고, 내 인생을 주체적으로 살아가게 하는 원동력이 되었다.

기쁠 때, 사람들은 나와 함께 웃고 즐거움을 나눌 수 있었지만, 그 기쁨을 만들어 가는 과정에서는 결국 내가 주도적인 역할을 해야 했다. 내가 원하는 목표를 설정하고, 이를 이루기 위해 노력하는 과정에서 느끼는 성취감은 오롯이 나의 몫이었다. 또한, 그 목표를 달성했을 때의 기쁨과 보람은 어떤 말로도 표현할 수 없을 만큼 컸다. 내가 대학 입학을 위해 열심히 공부하고, 원하는 학교에 합격했을 때의 기쁨은 나만이 온전히 느낄 수 있는 감정이었다. 이 경험을 통해, 인생에서의 성공과 행복은 내 노력과 결단에 달려 있음을 깨닫게 되었다.

반면에, 슬프고 힘든 시기에도 마찬가지로 나 자신이 중심이 되어야 했다. 누군가가 나를 대신해 슬픔을 겪어주거나, 어려움을 해결해 줄 수는 없었다. 가족이나 친구들이 위로와 도움을 줄 수 있지만, 궁극적으로 그 상황을 극복하고 일어서는 것은 나의 몫이었다.

내가 영어 학원을 운영하면서 코로나19로 인해 큰 어려움을 겪었을 때, 많은 사람의 지지와 격려를 받았지만, 학원을 다시 일으키기 위한 실질적인 노력과 결단은 내가 해야 할 일이었다. 이 과정을 통해, 어려운 상황에서도 포기하지 않고 최선을 다해 문제를 해결하려는 자세가 얼마나 중요한지 배웠다. "내 인생의 주인공은 나"라는 사실을 마음속 깊이 새기며, 앞으로도 어떤 어려움이 닥치더라도 자신감을 가지고 나아갈 것이다.

마지막으로, 인생은 때로는 기쁘고 때로는 슬픈 순간들로 가득하지만, 모든 순간을 주체적으로 살아가는 것이 중요하다. 내가 배운 교훈은 나를 더욱 강하게 만들었고, 앞으로도 나 자신을 믿고 끊임없이 도전하게 하는 힘이 될 것이다.

"내 인생의 주인공은 나"라는 믿음을 가지고, 나는 나만의 이야기를 써 내려갈 것입니다.

결국, 인생은 내가 만들어 가는 것이니까!

11장

인생 2막은 어떤 일이 벌어질까?

김용현

❶

어린 시절의 나
놀기를 좋아하면서
암기를 잘했던 아이 공대 가다

내가 태어난 곳은 전라남도 강진군 강진읍 남성리이다. 강진은 도강의 강과 탐진의 진이 합해져서 만들어진 곳으로 서쪽으론 해남군, 북쪽으론 영암군, 동쪽으로는 장흥군과 접하는 곳이다. 유명한 관광지로는 가우도, 고려청자 박물관, 다산초당이 있다. 특산품으로는 매생이가 있다.

경찰이었던 아버지 덕분에 나는 전라남도 여러 지역에서 살았던 경험이 있다. 그중에서 가장 기억에 남는 건 여수에서의 생활이었다.

7살 때 친구 집 옥상에서 친구랑 같이 놀다가 벌집을 발견해서 호기심에 벌집을 건드렸고 벌들이 날아오자 그냥 밑으로 뛰어내렸다. 깨어나서 엄마한테 들은 내용인데 내가 2층에서 뛰어내렸고 아주머니 오른쪽 어깨에 부딪히면서 떨어졌다는 것이다. 만약 그대로 떨어졌다면 나는 아마도 이 세상에 없었을 것이다.

  아침에 눈뜨자마자 밖에 나가서 놀기를 좋아했지만, 호기심도 많아서 주변 사물을 유심히 관찰하면서 놀았다. 특히 자동차 이름을 외우는 것에 흥미가 있었고 그렇게 나의 암기는 시작되었다. 초등학교 1학년 때 자동차의 앞모습만 봐도 이름을 말할 수 있을 정도로 암기를 잘했고 주변에서도 암기 신동이라고 불리었다.

  암기에 자신이 있던 나는 고등학교도 문과로 졸업했는데 아버지께서 문과로 성공하기는 어려우니 이과로 전과하라고 하셨고 나는 아버지의 뜻을 따라서 대학교는 공대로 교차지원을 했다. 고등학교 때는 반 5등 전교 10등이었지만 4년제 대학교는 다 떨어져서 결국 기능대학으로 통신전자과에 입학했다. 수학도 조금 했던 터라 전문대학의 수학은 나에게 그리 어렵지 않았다. 군대를 갔다 오고 나서 졸업반이 되었을 때 진학과 취업 둘 중에 선택해야 했다.

  그 당시에 학교에서는 삼성전자서비스센터에 취업을 시켜줬는데 나는 가고 싶지 않아서 편입을 선택했고 6개월 동안 열심히 공부해서 고려대학교 세종캠퍼스 전자 및 정보공학부에 편입에 성공하였다.

  나름 문과에서 수학과 암기를 잘한다고 생각했었는데 공

대를 와보니 당연히 알고 있어야 했던 것들이었다.

나는 그렇게 수학, 물리, 화학의 교양과목과 전자회로, 전기회로 등 전공과목에서 점점 따라가기 힘들어서 휴복학을 자주 했다. 편입이라면 2~3년 안에 졸업을 해야 정상이지만 나는 6년을 다녀서 겨우 졸업장을 취득할 수 있었다.

➋

성인 시절의 나
9년 차 직장인 자서전으로
제2의 인생을 준비하다

    2점대 초반의 학점으로 34살의 늦은 나이로 졸업장을 받았다. 내가 가지고 있는 스펙이라고는 4년제 졸업장 하나뿐이었다. 국내 취업은 안 될 거 같아서 해외 취업을 알아보면서 해외 취업 국비 교육을 알게 되었다. 그렇게 나는 6개월 동안 일본어과 프로그래밍 교육을 받았다. 프로그래밍 수업은 생각도 못 했고 더군다나 일본어도 처음이었다.

    고등학교 때 한문을 좋아했지만 14년 만에 다시 한문 공부를 할 줄이야...

    내가 지금도 일본어 사용하게 된 계기가 여기서 시작되었다. 생활 및 기본 업무 및 미팅 그리고 작업환경이 모두 일본어였기 때문에 기본적으로 회화나 한자를 못 읽으면 아무것도 할 수가 없었다.

    여기서 선택은 두 가지였다. 여기서 살아남든지 아니면

포기하고 돌아가든지 나는 살아남아야겠다고 생각으로 열심히 노력해서 결론적으로는 일하면서 남들에게 피해는 주지 않았다.

그렇게 약 2년간의 장기 파견을 마치고 귀국해서 여러 회사를 옮겼고 지금은 기술 영업으로 일하면서 국내와 일본을 담당하고 있다.

내가 회사에 다니면서 제2의 인생을 위해 자서전과 전자책을 선택한 것은 단순히 돈을 벌기 위해서가 아니다.

내가 안 해본 것들이 뭐가 있을까? 색다르게 해볼 수 있는 것이 뭐가 있을까? 하고 생각을 해보면서 인터넷으로 여러 가지 정보를 찾아보던 중 우연히 전자책 쓰기, 자서전 쓰기라는 강의를 듣게 되었다. 시간과 글을 쓸 수 있는 공간이 있다면 자신만의 브랜드를 만들 수 있다는 것이 매우 흥미롭게 다가왔다.

무엇보다 눈에 보이는 상품을 파는 것이 아니라 자신만의 경험과 지식을 사람들에게 글과 책으로 보여줄 수 있다는 것이 가장 큰 매력으로 다가왔다.

직장을 다니면서 쉬는 날 없이 여러 강의 들으면서 자서전이나 책을 쓰는 것이 쉽진 않았지만, 자서전을 작성하면서 나를 뒤돌아보며 더 성장하고 발전할 수 있다는 느낌이 들었다. 아직은 무수한 성장통을 겪어야 하겠지만 자신을 돌아보고 성찰하다 보면 언젠가 더 성장해 있을 거로 생각한다.

이러한 성장을 통해 전자책 출판과 자서전 출판 코치로써 1인 기업을 운영해 보려고 한다.

❸

미래의 나
나만의 공간에서 책 쓰기로 은퇴를 꿈꾸다

'No pain no gain'

고통 없이는 얻는 것도 없다. 노력에는 고통이 따라오기 마련이다. 지금의 고통이 쓰리고 아프지만 이겨낸다면 미래는 언제든 바뀔 수 있다. 사람은 적응의 동물이다.

어려운 환경에 맞닥뜨린다 해도 헤쳐 나갈 방법을 찾기 위해 생각을 하다 보면 그것을 해결하기 위한 아이디어들이 떠오르게 된다. 그러다 보면 원하는 미래를 위해 노력하며 행동할 때 우리는 성취감을 느끼며 또 다른 성장의 자양분이 된다.

전자책과 자서전을 쓰면서 나는 어떤 사람인가 나에 대해 먼저 알아보는 것이 중요하다는 것을 깨닫게 되었다. 책을 쓴다는 것은 무수한 생각과 창작의 고통이 따르고 그 중에서 나에 대한 글을 쓰거나 누군가의 글을 대필하기 위해서는 우리가 바라는 진정한 행복이 무엇인지를 생각하는 것에서부터 시작된다.

나의 장점 및 영향력을 펼치기 위해 하루에 한 장씩 일본어 번역을 하고 거기에서 얻은 글감이나 아이디어로 하루에 한 장씩 책을 쓰고 있다. 이를 통해 내의 진정한 가치를 세상에서 알리기 위해 지금도 열심히 노력하면서 준비하고 있다.

　전자책 쓰기는 대중들에 많이 알려졌지만, 자서전 쓰기는 생소해서 쉽게 접근하기 어렵다는 인식이 많이 있다. 나도 처음에 어렵다는 인식을 두고 시작했지만 일단 해보지 않으면 할 수 있는지 어렵다면 얼마나 어려운지 가늠할 수 없기 때문에 시작하게 되었다.

　이를 통해 다른 사람들에게 자서전이라는 게 어렵지 않게 접근할 수 있다는 인식과 차후에 1인 사업가로써 성장하고 자신의 브랜드를 만들 수 있게 도움을 주고 싶다는 게 나의 생각이다.

　미래의 내가 은퇴를 할 수 있을지 아니면 본업과 작가의 두 직업을 병행하면서 은퇴라기보다는 그 시간을 즐기고 있을지는 모르겠다. 어쩌면 시간과 장소에 구애받지 않고 세계 방방곡곡을 다니면서 책을 쓰고 새로운 사람들을 만나며 행복한 시간을 보내고 있을 수도 있다.

❹

6개월 만에 편입 성공과
새로운 세계의 도전

　내 인생에 있어서 가장 큰 도전이 두 가지가 있다.

　첫 번째 도전은 수능 공부도 안 했던 내가 편입학원에 가서 등록하고 공부를 시작한 것이다.

　두 번째 생각도 안 했으니 도전해 볼 생각도 하지 않았던 작가라는 직업을 준비하고 있다는 것이다.

　편입을 준비할 때 과연 할 수 있을까? 라는 생각이 안 든 건 아니다. 왜냐하면 문과 출신에 수능도 안 봤고 영어 수학도 기초적인 거만 배웠으니 불안한 마음이 없었다고는 할 수 없다.

　하지만 문과에서 이과로 교차 지원해서 졸업까지 했고 어떤 과목을 배우는지는 알았으니 일단 해보고 싶었다. 만약에 불합격한다고 해도 가능성이 보인다면 다시 한번 도전해 볼 의지가 생길 것 같아서다.

　또한 지금이 아니더라도 언젠가는 지금의 노력이 성장에

자양분이 될 거라는 확신이 있었다.

그렇게 나의 편입 생활은 시작되었다.

매일 아침 새벽 4시에 일어나서 아침을 먹고 첫차를 타고 학원 독서실에서 영어 공부를 시작으로 매일 똑같은 시간을 보냈다. 시간이 지날수록 두려움은 자신감으로 변했고 내가 선택한 결정이 잘한 것이라는 생각이 들었다.

그렇게 시간이 흘러 대학교 지원을 했을 때 서울 소재도 아니고 정시 합격도 아니었지만 나는 추가 합격으로 지방 캠퍼스 대학에 합격했다.

Every accomplishment begins with the decision to try (모든 성취는 노력하는 결심에서 시작된다)라는 말을 좋아한다. 행동하지 않으면 아무것도 일어나지 않는다. 변하는 건 없다. 하지만 무엇인가를 하게 된다면 그것이 곧 경험이 되고 성장하는데 자양분이 된다.

나는 자서전출판지도사라는 새로운 세계의 출발선에 서 있다. 이 세계가 순탄하게 지나가리라고는 생각하지 않는다. 분명 장애물이 많을 것으로 생각된다. 하지만, 이 장애물은 직접 넘지 않는 이상 더 이상 앞으로 진출할 수 없다.

나는 지금까지는 준비운동이었다면 경기는 이제부터 시작이다.

❺

가장 행복했던 시간과 힘들었던 시간
나를 바꾸게 만든 삶과 가족의 아픔

나를 바꾸게 만든 삶은 아이의 탄생이다. 우리 부부는 결혼한 지 한 달 만에 아이를 가지게 되었다. 원래 아이를 좋아했지만 내가 사랑하는 사람의 아이를 빨리 만나고 싶어서 임신을 준비하게 되었다.

임신 기간 동안 와이프는 입덧 아닌 입덧을 하였고 내가 해줄 수 있는 부분은 없지만 나는 최선을 다해 와이프를 도와주었다. 10개월 동안 아무 이벤트 없이 아이를 무사히 출산하였고 나는 와이프에게 그동안 고생 많았다고 이야기를 해주었다.

철이 없던 나에게 소중한 가족 그리고 아기가 생기면서 나는 가족을 위해 지금보다 더 열심히 노력하고 자랑스러운 남편 그리고 아빠가 될 수 있도록 끊임없이 노력하는 중이다.

전엔 "가장의 무게"를 잘 이해하지 못했지만, 이제는 조금씩 부모님께서 나에게 했던 말을 생각해 보면 우리 부모님이 존경스럽고 멋진 부모님이었다는 걸 깨닫게 되었다.

내가 가장 힘들었던 시간은 바로 가족의 아픔이다.

장모님의 암 진단

24년 2월 설날 처형에게 전해 들었던 장모님의 암 진단...

와이프는 밤낮없이 암에 대해 정보를 찾아보았다. 겉으로는 내색하지 않아서 와이프가 괜찮은 줄 알았지만, 나중에 와이프가 넌지시 말하기를 "밤마다 엄마 아프지 말고 수술 잘 받을 수 있게 해달라고 울면서 매일 기도했다"라고 태연하게 말했던 말에 나는 정말 마음이 아파서 와이프를 아무 말 없이 안아주었다.

암 진단을 받고 한 달이 조금 지나서 장모님의 수술은 성공적이었고 일 년 동안 임상과 항암치료를 장모님의 항암치료는 지금도 현재진행형이다. 항상 잘 이겨내고 계시는 부분에 대해 너무 감사하지만, 사위로써 도움도 드리지 못해 죄송한 마음뿐이다.

❻

내가 배운 인생의 교훈들
인생의 답은 내 안에 있다

　김이섭의 [인생의 답은 내 안에 있다]라는 책이 있다.

　책 내용 중에 ' 정식은 어떤 문자가 특정한 값을 가질 때 성립한다. 반면에 항등식은 식에 포함된 문자에 어떤 값을 넣어도 늘 성립하는 등식이다. 그러니 사장은 방정식이 아닌 항등식이어야 한다.'라는 내용이 있다

　남녀 간의 모든 사랑과 존중은 항등식이어야 한다. 내가 알고 있는 사랑과 존중이 상대도 똑같이 느낄 것이라고 단언하는 건 있을 수 없다.

　내가 원하는 사랑과 상대가 원하는 사랑의 방식이 비슷한지를 우선적으로 확인해야 한다. 상대가 알아들을 수 있는 언어로 전달해야 내가 전달하고자 하는 의미를 상대방도 느낄 수 있을 것이다. 사랑은 방정식이 아닌 항등식이니까

　'틀린 질문에는 옳은 답이 나올 수 없다.

　답은 틀려도 풀이 과정은 옳을 수 있다.

정답보다 중요한 건 답을 찾는 과정이다.'

라는 말이 있다.

누가 알려주지도 않지만, 인생의 정답도 없다. 다만 각자만의 답을 찾아가는 과정이 다르기 때문에 풀이 과정도 다르다. 아직 인생의 절반도 살지 않았지만, 앞으로의 인생의 답을 찾기 위해 나는 수없이 고민하고 또 고민하며 더 많은 방법의 풀이 과정을 찾아갈 것이다.

답을 찾는 과정이 순탄하지는 않겠지만 고통을 참아가면 찾다 보면 언젠가는 최고의 풀이 과정을 찾고 답도 찾을 수 있을 것이다.

12장

삶의 숨바꼭질 속에서
나를 찾아 떠나는 여행

이종숙

❶

어린 시절의 나
호기심 많고 수줍은 말괄량이 소녀

"해가 중천에 떴는데 얼른 안 일어나고 아직도 자냐?"

아버지의 호통치는 소리가 새벽 공기를 가르고 창호지 문틈으로 날카로운 비수처럼 귀에 와서 꽂힌다. 나는 눈 비빌 사이도 없이 반사적으로 몸을 일으켜 세운다.

초등학교 때부터 방학이 되면 나는 꼭두새벽부터 부모님을 따라 집 뒤 밭으로 호미를 들고 따라나섰다. 그러고는 풀밭에 쭈그리고 앉아 새참을 먹기 전까지 꼼짝없이 풀을 뽑고 김을 매었다.

어린 마음에 풀은 왜 그리 많은지 밭에는 온통 풀 천지였고 풀은 왜 그리 빨리 자라는지 모르겠다고 생각했다.

그래도 재미있는 일은 밭을 매다가 개미가 나오면 화석을 만든다고 진흙을 이겨서 개미를 넣고 반죽하고 애벌레를 지나가지 못하게 물웅덩이를 만들고 나무 위 새 둥지에서 알을 꺼내다 떨어트려 깨져서 죽게 만들었다.

지금 생각해도 나는 굉장히 말괄량이였다는 생각이 든다.

내 고향은 경상북도 문경과 점촌의 중간쯤에 있는 작은 마을로 문경새재라는 관광지로 유명한 곳이다. 우리 집은 농사를 짓고 어려서부터 조부모님과 아버지, 엄마를 따라 집안일을 도와서 농사일이 매우 힘들다는 것을 알았다.

나는 어릴 때부터 할아버지와 아버지 앞에서 사람이 지켜야 할 도리와 예의 바른 사람으로서 말을 함부로 하지 않으며 타인을 먼저 생각하고 어른들을 공경하라고 배웠다.

아버지는 무서웠고 나는 항상 긴장 상태로 지내며 다른 사람에게 싫은 소리와 거절을 하지 못하고 내 뜻을 당당히 밝힐 수 없는 기가 죽은 아이로 자라고 있었다. 그리고 철이 들면서 명랑하던 내 모습은 점점 사라졌다.

엄마는 시부모님을 모시고 많은 자식들을 키우시느라 언제나 조용히 말수가 적으셔서 우리를 대변해 주지를 못하셨다.

1남 6녀 중 셋째인 나는 밝았지만, 내성적인 아이였다. 그래도 셋째 딸이라고 이쁨을 많이 받고 자란 나의 어린 시절은 개구쟁이 시절과 예쁜 추억으로 아름답게 기억된다.

❷

학창 시절의 나

내성적이고 꿈 많은 고2 소녀의 깨달음

초등학교 때 친구가 그림을 잘 그리고 글씨를 잘 쓰는 것을 보고 따라서 글씨 연습도 하고 공책과 책의 공간에 그림을 그리고 인형 옷을 만들어 입히며 놀았다. 또 내 포스터 그림이 교실 뒤 게시판에 붙기도 하였다. 5학년 때는 친구보다 성적이 잘 나온 통지표를 높이 치켜들고 기뻐서 아버지께 달려가서 자랑한 기억이 난다.

언니가 둘인 나는 항상 옷을 물려 입었는데 수학여행 때는 엄마를 졸라서 처음으로 빨간 바지를 사 입었다. 나중에 수학여행을 다녀와서 찍은 사진을 보고 안 사실이지만 바지가 짧아서 발목이 드러났었다. 하지만 그때는 기뻐서 바지가 짧은 것도 몰랐다.

중학교 때 사춘기에 들어선 나는 학교를 가기 위해 동네 다리를 건너야 했다. 하지만 남자 친구들이 다리에 길게 늘어서 있으면 그곳을, 고개를 푹 숙이고 지나가야 했다. 그래서 가끔 친구를 기다렸다가 같이 다리를 건너곤 했다.

우리 반은 남녀 합반이었는데 나는 남자 친구들과 눈도 잘 마주치지 못하고 부끄러워하였다. 그래서 자연스럽게 소설, 만화, 성경책 등을 읽으며 중학교 시절을 보냈다.

고등학교를 진학할 때는 학교가 멀어서 집에서 다닐 수가 없어서 차로 한 시간가량 떨어진 곳에서 언니와 자취를 했다. 자취를 하면서 나름대로 부모님 곁을 떠나 생활하는 것의 자유를 느끼기도 하였다.

이때는 감수성이 예민하여 친구들과 좋은 시와 편지를 주고받으며 자작시를 쓴다고 끄적이기도 하고 좋아하는 시인의 시를 외우고 필사하기도 하면서 정말 꿈 많은 시간을 보냈다. 그리고 서예부에서 펜글씨와 붓글씨를 3년 내내 쓰면서 서예 작품을 교내 행사에 출품하기도 하고 졸필이었던 나는 친구들에게서 글씨를 잘 쓴다는 말을 듣기도 하였다.

하지만 교실에서 나의 존재는 있는지 없는지도 모를 만큼 조용한 학생이었다. 그러다 고2 때 갑자기 이렇게 생활하면 사회생활을 하기 힘들겠다는 생각이 문득 들었다. 그때부터였던 것 같다. 나는 부끄러움을 무릅쓰고 얼굴이 빨개지면서도 스스로 손을 들어 발표를 하기도 하고 조금은 용감해져서 선생님께 말도 붙여보고 그때의 내 마음은 정말 두근거렸던 것 같다. 그렇게 나의 고교 시절은 두근두근 지나가고 있었다.

❸

첫 사회생활과 서울 상경
사회에 첫발을 내딛다

학창 시절에 자신을 변화시키고자 노력한 덕분이었을까? 나의 첫 직장은 이천에 있는 현대 하이닉스라는 큰 회사에서 첫 사회생활을 시작했다.

신입사원 극기 훈련을 받을 때 임원분들과 수많은 사원이 자리에서 스스로 손을 들어 노래를 불렀다. 나도 내가 이렇게 변화된 행동을 할 줄 몰랐다.

그것도 이제 막 사회생활을 시작하는 갓 20살이 된 새내기가 어디서 그런 용기가 났는지 모르겠다. 더구나 웃긴 건 도중에 사투리 때문에 틀려서 다시 부르겠다고 넉살 좋게 얘기도 했으니 말이다.

나는 여기서도 회사 친구나 학교 친구들과 편지와 좋은 글을 주고받으며 지냈다. 그 글들은 아직도 간직하고 있으며 가끔 꺼내보고 그날의 풋풋했던 기억을 떠올리며 미소를 짓곤 한다.

그렇게 회사에 다니고 얼마 지나지 않아서 나는 사내에서 실시하는 아이디어 제품 개발 부문 공모전에서 장려상에 입상하여 상금과 상품을 받기도 하면서 인정을 받았다.

　하지만 기숙사에서 먹고 자고 하는 회사 내에서의 틀에 박힌 생활에 답답함이 느껴졌다. 그리고 주말이면 회사 버스를 타고 서울에서 공무원으로 있는 언니에게 놀러 갔다 오고 하는 것이 좋아서 서울이라는 더 크고 멋진 곳에서 살고 싶다고 생각하였다.

　그리고 몇 년 후 언니들이 있는 서울로 상경하여 산림청에서 언니들과 근무하게 되었다. 그곳에서의 생활은 언니들이 있어서 그런지 점심시간에 같이 밥도 먹고 시간이 남으면 청사 뒤쪽의 산으로 산책하러 가고 꽃도 보며 이름 모를 나무도 보면서 커피도 마시고 잠깐의 휴식을 취하는 것이 힐링도 되고 함께 지내는 것이 서로 의지도 되고 좋았다.

　그렇게 언니들과 같이 지내던 시간이 어느덧 훌쩍 지나 작은 언니가 결혼을 하고 나도 직장을 몇 년 더 다니다가 남편을 만나 결혼을 앞두고 있어서 회사를 그만두게 되었다.

④

가정을 꾸리다
직장, 대학, 가정생활의 병행
새로운 꿈의 도전

나는 결혼하고 안산으로 내려왔다. 내 나이 겨우 20대 중반의 나이였다. 내 친구들은 한참 놀러 다니고 삶을 즐기고 있었는데 말이다. 하긴 나보다 더 빨리 결혼한 친구도 몇몇은 있다.

남편도 서울에 살고 있었지만, 직장을 따라 안산으로 내려왔다. 처음에는 번화한 서울에서 영화도 많이 보고 여러 가지 여가 활동도 할 수 있고 친구들과 즐겁게 만나고 하던 서울이 생각나서 안산에서 사는 것이 답답하고 우울한 생활의 일상이었다. 아는 사람도 없고 친구도 없었다.

그나마 다행인 것은 외갓집이 내가 사는 아파트에서 길 하나만 건너면 있어서 외갓집에 놀러 가고 외할머니가 우리 집에 놀러 오시고 해서 외로움을 달랠 수가 있었다. 1년 후 아이가 태어나고 아이를 키우면서 아이도 잘 키우려면 뭔가 알고 키워야겠다는 생각에 TV에서 아이들 관련 교수님들이 나오는 프로그램을 비디오테이프에 녹화해서 보고 집 근처 학교에 교육관계자가 강의를 온다고 하면 임신을 해서 배가 부를 때도 찾아다니며 강연을 들었던 기억이 난다.

그리고 몇 년 뒤 둘째가 태어나고 드디어 아이들이 조금 자라서 그동안 접어 두었던 대학에 대한 꿈도 이루고자 큰 아이가 초등학교를 입학하고 한국방송통신대학교 교육학과에 진학하였다. 이 시기에는 안산 고려대학교 병원에 다니고 있어서 일과 학업, 그리고 아이들을 키우고 가정일을 병행하면서 공부한다는 것이 쉽지 않았다.

시험 기간이 되면 바구니 밑에 책을 숨겨서 사람이 잘 다니지 않는 계단이나 화장실에 몰래 숨어 짬짬이 공부했다.

그러면서도 교육과 학과장의 일을 맡아서 봉사활동도 하였다. 입학할 때는 안산, 시흥 학생 입학생이 100여 명이 넘는 인원이었는데 졸업할 때는 10명 남짓이었다. 그래서 4년 만에 졸업한다는 것이 쉬운 일이 아니고 왜 이 학교의 입학은 쉬워도 졸업이 어렵다는 말이 나오는지 실감을 할 수 있었다. 대면이 아니라 비대면으로 수업이 이루어지고 출석 수업이라고 해서 며칠 교수님과 수업하다 보니 학업과 자신을 관리하는 일이 쉽지 않았다. 내가 이때 느낀 생각으로는 이렇게 공부하면 서울대라도 가겠다고 우스갯소리로 사람들과 이야기한 적이 있었다.

❺

변화를 꿈꾸다
나는 무슨 일을 하며 살아가지?

졸업 후 초등학교 옆에서 공부방을 열어 운영했다. 지역이 열악하여 아이들의 가정교육이 이루어지지 않아 많은 어려움이 따랐다. 한번은 초등학교 6학년 남학생이 선생님께 혼났다고 책상을 뒤집어엎으며 달려드는 모습을 보이기도 하였다.

이런 일을 겪고 나니 아이들을 학습적인 면에서만 교육할 것이 아니라 내면적인 것도 함께 다루어 주어야겠다는 생각으로 사회복지학을 다시 공부하고 사회복지관과 지역아동센터에서 사회복지사로 일하며 아이들을 돌보고 학습을 가르쳐 주었다. 그러다 동생이 보육교사 자격을 취득하는 동안 돌쟁이 조카를 1년 동안 돌봐주었다. 그러다 나도 관심이 생겨 또 디지털대학에서 아동학을 전공하고 보육교사 생활을 하게 되었다. 왜냐하면 나는 아이들은 어릴 때부터의 교육이 중요하다고 생각하고 있었기 때문이다.

그렇게 나는 일을 하면서도 여러 가지 자격증을 취득하고 학원강사, 지역아동센터와 안산교육청의 사회복지사, 보육교사, 초등보육 전담사, 경기 디지털 문해 강사, 시니어 프로그램 강사 등 다양한 직업을 가지고 수많은 자격을 취득하면서 나에게 맞는 일이 무엇이고 내가 원하는 일이 무엇인지 끊임없이 꿈을 찾기 위해 노력하며 바쁘게 살았다.

그렇게 바쁘게 동분서주하던 나는 2년 전 직장에서 받은 스트레스로 인해 병원에서 고혈압, 간 이상, 당뇨, 온몸에 두드러기 같은 발진과 혈액암이 의심된다는 이야기를 듣고 종합병원에서 여러 가지 검사를 받고 치료를 하게 되었다. 그리고 다니던 직장을 그만두고 쉬면서 병든 몸과 마음을 치유하는 데 집중하였다.

그렇게 쉬면서 뭔가를 시작하기 위하여 이것저것 알아보다가 마침 경기도에서 디지털 배움터라는 사업의 일환으로 스마트폰 강사라는 일에 지원하여 사회복지관이나 행정복지센터에서 일을 하게 되었다.

그 일을 계기로 여러 가지 앱을 알게 되고 생소하게만 느껴지던 여러 가지 SNS에 대해 강의를 들으면서 처음 해보는 낯선 일들로 인해 어려움을 겪고 시행착오도 많았다. 그러다 나 연구소 대표님을 통해 전자책을 알게 되고 누구나 전자책을 쓸 수 있다는 것을 알게 되었다.

이것이 내 1인기업가의 처음 시작을 알리는 신호탄이었다는 생각이 든다.

❻

반백 년 세상 소풍에서 느낀 인생의 교훈
미래의 나를 찾아가는 인생 여정

생애 처음으로 전자책을 쓴 후 나는 블로그와 카톡방을 만들고 인스타와 유튜브 쇼츠 등 SNS를 통해 1인기업의 꿈을 키워나가며 전자책 쓰기 출판 지도사자격을 취득하여 네이버에 작가로 등록하고 출판사에서 책도 판매가 이루어지면서 작지만, 인세라는 것도 받아 보았다. 정말 신기하고 뿌듯한 일이었다. 내가 책을 쓸 수 있다는 것도 신기하고 온라인상에서의 소통을 통해 이런 다양한 일들을 할 수 있다는 것이 멋있었다.

내가 살면서 어떤 일이든 변화를 꿈꾸고 시도하지 않았다면 그저 평범한 일상의 연속이었을 것이다. 하지만 나는 느려도 조금씩 변화를 꾀하고 실천을 하며 성장과 발전을 이루어 가고 있다.

어떤 일이든 한 가지 일을 꾸준히 일관되게 실행에 옮기고 이끌어 간다는 것은 쉬운 일이 아니다. 그래서 나는 길게 보고 끝까지 가려고 한다.

다른 사람의 말이나 시선에 기죽지 않고 나답게 나를 지키고 세상 바람에 흔들리지 않으면서 미래를 준비하고 싶다.

반평생이 지나도록 삶을 살아왔지만, 아직도 세상살이가 미숙하고 내가 잘 살아가고 있는지? 내 길이 맞나 확인하면서 나아가고 있지만 아무것도 모르던 내가 나를 여기까지 성장시켜 온 것도 스스로 칭찬하고 나를 격려해 주고 싶다.

앞으로 나는 1인기업가로서 전자책을 쓰면서 꾸준히 내 길을 가고 싶다. 그리고 평소 관심이 있던 부동산에 대해 공부도 하여 세간에서 말하는 조물주 위에 건물주도 되어서 경제적, 시간적으로 자유를 누리고 내가 잠들어 있는 시간에도 마르지 않는 파이프라인을 구축할 것이다.

그리고 나처럼 꿈을 꾸고 꿈을 찾기 위해 노력하는 누군가에게 희망의 씨앗이 되고 등불이 되어 주고 싶다.

바람에 흔들리지 않고 성장하는 풀 한 포기, 나무 한 그루가 어디 있으랴? 중심을 잘 잡고 버티다 보면 언젠가는 나 혼자 굳건히 서서 견딜 힘이 생길 것이다. 그리고 어느새 마음의 근육이 단단해져 흔들림 없이 자리 잡고 있을 것이다.

그래서 나는 오늘도 꿈을 꾸고 미래를 향해 나아가고 이루어 나가고 있다.

느리지만 조용히 한 걸음씩 뚜벅뚜벅...

13장

독서로 꿈을 디자인하는
자기혁명가

황태옥

❶

봄꽃
시를 유난히 좋아했던 문학소녀

　가족과 주변 사람들로부터'너는 천재야. 넌 특별해. 너는 달라'라는 칭찬을 많이 들어왔다. 그래서 그런지 어릴 때부터 진취적이고 자신감 있는 소녀로 씩씩하게 성장했다. 나는 글짓기를 유난히 좋아했던 문학소녀였다. 나에게 문학소녀의 꿈을 키워준 준 계기가 있었다. 초등학교 5학년 때, 시에서 주최한 문예 대회에 초등학교 대표로 큰 상을 받았다.

　"칭찬은 고래도 춤추게 한다."

　라는 말처럼 나는 어릴 때부터 칭찬의 말 한마디가 삶에 미치는 영향이 얼마나 큰지 알 수 있었다. 그 후부터 나는 시인이 되어 세상 아름다운 것들을 시로 노래하고, 사람들과 따뜻한 정을 시로 나누며 그 아름다움을 글로 표현하고 싶었다. 말로 할 수 없는 이야기들을 글을 통해서 표현해 내는 것은 정말 신나는 일이라 생각했기 때문이다.

　어릴 때부터

"너 커서 어떤 사람이 되고 싶어?"
질문을 받으면 어김없이
"시인이요"
라고 대답했다. 어릴 때 간절했던 시인, 문학소녀의 꿈은
현실이 되어 문학사에 등단하여 시인이 되었다.

앙드레 말로는 오랫동안 꿈을 그리는 사람은 마침내 그
꿈을 닮아 간다고 했다. 그리고 보면 지금까지 출간한 저서
로 '황태옥의 행복콘서트 웃어라'시집 '꽃처럼 너를 사랑 한
다', '하루하루 詩作 '다시 몰입' 등 총 4권을 출판했다.
그리고 보면. 어릴 때부터 키워 온 문학소녀의 꿈은 이뤄
낸 셈이다. 심지어 지금은 책을 출간하는 '꿈나비북스' 출판
사 대표다. 어린이부터 성인, 노인까지 책을 출간하는 분들
을 돕는 일을 한다.

❷

여름 바다
미래를 준비하는 현명한 사람

내가 태어난 곳은 바닷가다. 여름이면 작렬하는 태양을 온몸에 받으며 하루 종일 바닷가를 뛰어다녔다. 그리고 여름 태풍이 지나간 황금빛 모래밭에 모래성 쌓기를 하며 놀았다. 얼마나 열심히 놀았던지 배에서 꼬르륵 소리가 천둥을 쳐도 모를 정도로 열심히 놀았다.

가족과 이웃 사람들은 긴 여름날에 지치지도 않고 노는 까무잡잡한 여자아이인 나를 '섬 머슴아'라고 불렀다. 그래서 태양처럼 꼭 닮았다고 별명이 '태꼬기'였다. 가족들은 태옥보다 태꼬기 섬 머슴아를 더 좋아했다.

겨울 바닷가도 나에게 좋은 놀이터였다. 쥐불놀이를 위해 깡통을 흔들면서 모래사장을 뛰어다녔다. 그것도 모자라서 동네 아이들과 술래잡기도 하고, 동네 곳곳에 몸을 숨기며 "꼭꼭 숨어라. 머리카락 보일라~~", 언니 오빠 할 것 없이 가위, 바위, 보를 해서 이기면 진 쪽 등에 올라타는 말타기도 하고, 추운 겨울도 잊고 백사장을 맨발로 뛰었다.

지금 생각해 보면, 드라마 오징어게임에 나오는 게임들이 어릴 때 나의 놀이었다. 그래서인지 초등학교부터 중학교 졸업할 때까지 육상선수로 발탁되기도 했다. 부모님만 허락하셨다면 나의 진로가 운동권으로 바뀠을지도 모른다.

그런 어린 시절의 바다는 내 체력을 키운 전지훈련장이었던 셈이다. 아마 그 덕분에 하루 종일 강의하고 밤새 공부해도 거뜬한 기본 체력을 가지게 되었다. 기본 체력뿐만 아니라 또래의 친구들보다 더 부지런하고 긍정적이다. 이것은 누구보다 열정적인 유년시절을 보낸 덕분이다.

이런 기질은 지금도 마찬가지다. 어떤 어려움이 닥치더라도 주어진 현실을 냉정하게 분석하고 그대로 받아들인다. 현실을 인정하면 다른 것을 볼 수 있는 객관적 시각을 갖게 된다.

따라서 다가올 미래를 준비하는 사람이 현명한 사람이다. 결국 현실을 인정하고 긍정적이며 미래 지향적인 사고를 갖게 되는 것이다. 현실을 인정한다는 것은 그래서 더욱 중요한 것 같다. 미래를 준비하는 현명한 사람이 바로 나 황태옥이다.

❸

가을 우체국
꿈과 희망을 전달하는 전령사

　철학자 아리스토텔레스는 '모든 인간의 궁극적 목표는 행복한 삶'이라 하였다. 모두가 바라는 것은 행복한 삶이지만 누구나 그 삶을 누리며 살지는 못한다. 평범한 주부에서 스타강사로, 화려함을 넘어 이타적인 지성인으로 거듭나는 강사가 되고 싶었다.

　아줌마에서 스타강사로 배우며 도전하며 강의한 지 28년. 이제 나를 아줌마라고 부르는 사람은 없다. 뜨거운 태양과 넓은 바다의 에너지를 온몸으로 발산했던 과거가 검증하듯, 내 삶의 열정은 지금도 축제다. 언제 그렇게 세월이 흘렀는지 눈 깜짝할 사이에 여기까지 왔다. 나는 이제 중년이다!

　우연히 정기 검진을 통해, 갑상선에 이상 조짐이 보여 조직 검사를 했다. 암이라고 했다. 하늘에서 구멍이 뚫렸는지 흘러내리는 눈물을 참을 수가 없었다. 왜 나에게 이런 고통을 주는지, 뇌종양 수술, 갑상선암 수술 등 4년 주기로 자꾸만 내 몸에 이상이 발견되었다.

　암울한 나의 삶은 동굴 속으로 들어가 나 올 수 없는 캄캄한 어둠이었다. 벗어나고 싶었지만 어두운 동굴 속을 빠져나올 힘과 용기가 없었다. 우여곡절 끝에 나는 살기 위해 웃음 치료를 배웠다. 그림자 가득한 나의 얼굴은 해 맑은 미소로 변했고, 과거 어두웠던 장막이 거둬지기 시작했다.
　웃음을 만난 후 나는 전국을 누비는 스타 강사가 되었다. 나를 닮아가는 강사 양성과정을 하면서, 전국이 웃는 그 날까지 펀앤코리아 대표가 되었다.

❹

겨울 눈 싸움
나와의 전쟁은 해피엔딩

　나의 자기 경영능력은 하루아침에 이루어진 것이 아니었구나, 매번 강의 무대에 서면서, 이 글을 쓰면서 느껴보는 색다른 경험이다. 저서를 출간하고, 전국을 다니는 유명 강사가 된 이후에도 나의 공부는 끝없이 이어졌다. 바쁜 현대인들은 습관처럼 말한다.

　경제적인 형편이 되지 않아서, 너무 바빠서, 공부할 시간이 없어서 등 이유가 많다. 바쁜 사람일수록 시간을 쪼개서 공부한다. 가난한 사람일수록 공부를 해야 부자가 될 수 있다는 법을 알고 열심히 노력한다, 나는 그동안 끊임없는 자기계발과 강력한 강의 콘텐츠가 없을까 찾아 헤맸다.

　어떤 사람이 봄(행복, 파랑새)을 찾아온 산천을 헤매었지만 찾질 못하고 지친 몸으로 집에 돌아왔는데, 집 마당에 매화가 이미 피어 있었다는 이야기가 생각난다. 인간은 행복을 찾기 위해 나그네처럼 일생을 여기저기 헤맨다. 나도 한때 컨텐즈를 찾아 서울에서 수년을 헤매다가 행복은 바로 내 주위에 있다는 것을 깨닫고 서울 생활을 정리하고 내 고향 포항으로 돌아왔다. 내 나이 지천명(知天命)에.

고향을 내려와서 새롭게 만든 교육 아이템은 감히 혁명적인 도전이라 자부한다. 서울에서 활동하는 KBS, SBS 아나운서 등 유명 스타 강사들을 포항에 직접 초빙해서 진행하는 스피치과정이다. 스피치과정은, 교육 스토리부터 다르다. 7명의 스타강사와 7주 동안 7 색깔 무지개 인생을 만들어 가는 고품격 리더십 스피치과정이다.

첫 시간 1부는, TV에서나 보아왔던 아나운서와 스타 강사들의 현장감 있는 목소리로 교육생들에게 신선한 충격의 교육현장이라면, 둘째 시간 2부는, 무대에서 직접 발표하고, 피더 백을 하고, 코칭 받는 긴장된 순간이다. 매번 미션에 따라 발표해야 하는 긴장감이야말로 변화의 시작이며 성장하고 싶은 간절함의 첫걸음이다. 그렇게 매주 1부와 2부의 교육을 통해 7주가 지나 수료하는 날, 마지막 무대에서의 짜릿함과 성취감은 수료한 분들의 환호성과 훈훈한 이야기에서 느낄 수 있다. 나는 CEO스피치강사다

개인 스피치를 지도하고 스피치 원고를 첨삭하면서 새롭게 알게 된 사실은, 스피치는 원고의 구성이 중요하다는 것이다. 테크닉이 아무리 좋아도, 발성과 목소리가 뛰어나도 스피치 원고가 제대로 구성되어 있지 않다면 그 스피치는

죽은 스피치와 마찬가지라는 것을 알았다.

"같은 표현도 이렇게 하는 구나", 평소에 좋은 책과 칼럼을 많이 읽고 그 매력적인 문장을 표현하는 리더를 보면 감탄할 때가 있다.

❺

새로운 희망
꿈을 디자인하는 곳

독서는 평소에 사용하는 어휘를 풍부하게 할 뿐 아니라 그 사람의 언어 스킬도 남다름을 알 수 있다. 그래서 매력적인 어휘 선택이 참신하고 재미있는 사람에게 더 흥미를 가지고 관심을 가지게 된다.

스피치에 있어서 설득력이 왜 부족한지, 감동을 주지 못하는지 이유가 무엇인지를 깨닫고, 고민 끝에 in put(인풋)과 out put(아웃풋)을 위해서 독서의 필요성을 느꼈다.

in put(인풋) 독서와 out put(아웃풋) 스피치는 내 어릴 때 온몸으로 받은 뜨거운 태양과 넓고 깊은 바다의 에너지를 뛰어넘어 진정한 가치를 추구하는 나만의 콘텐츠다. 마치 실과 바늘의 조화이듯 독서와 스피치는 떼어내려 하여도 떼어 내지 못하는 멋진 하모니다.

포항나비는 나로부터 비롯되는 목적 있는 책 읽기를 통해 '세상에 선한 영향력'을 미치는 리더들의 모임이다. 목적 있는 책 읽기란 '성장과 변화를 위한 분명한 목적'을 가지고 행하는 독서 모임을 의미한다.

　나이 불문, 남녀노소 모든 세대가 소통할 수 있는 공간이요 시민 누구나 함께 할 수 있는 독서모임이다.

❻

미래는 활짝
나를 변화시킨 독서의 힘

"선생님 저기 있는 많은 책 중에서 어느 책이 가장 인상 깊었나요?" 사무실 양쪽 옆, 나란히 꽂혀있는 책들을 가리키며 초등 학년의 질문이다. 독서 수업 시간에 갑자기 궁금한 모양이다. "얘, 선생님이 인상 깊게 읽은 책이 왜 갑자기 궁금한 거지?"라고 물어보았다.

"네, 집에 가서 우리 엄마에게도 선생님이 읽은 책을 추천하려고요."라는 것이다. 갑자기 받은 질문은 나를 생각 하게 했다. '포항나비' 독서 모임에서 7년 동안 읽은 책이 무려 300권이 넘는다. 사무실에 진열되어 있는 책을 헤아려 보자니 한참이나 둘러보아야 할 정도니까. 그중에 눈에 들어오는 한 권의 책이 있었다. 바로 '그릿'이다.

'그릿'은 빌 게이츠와 버락 오바마 등 세계적인 리더로부터 극찬을 받은 '앤절라 더크워스'의 저서다. '앤절라 더크워스'는 고액 연봉을 받던 맥킨지를 그만두고 박봉의 공립 고등학교의 교사로 학생들에게 수학을 가르쳤다.

여러 학생들의 성장 과정을 지켜보면서 인생의 성공에 있어서 성적이나 재능보다 훨씬 더 중요한 다른 요인이 있다는 사실을 알았다고 한다. 실패와 역경 속에서도 좌절하지 않고 포기하지 않는 힘, 슬럼프를 뛰어넘어 끈질기게 견딜 수 있는 힘이라고 한다.

성공한 사람들의 두 가지 특성은 첫째, 대단히 회복력이 강하고 근면 하며, 둘째, 자신이 원하는 바가 무엇인지 매우 깊이 이해하고 있었다. 그들은 결단력이 있을 뿐 아니라 나아갈 방향도 알고 있었다. 성공한 사람들이 가진 특별한 점은 열정과 결합된 끈기였다'. 한마디로 그들에게는 '그릿'이 있었다고 한다. '그릿'은 사전적으로 투지, 끈기, 불굴의 의지를 아우르는 개념이라 한다. [출처: 그릿]

어떤 어려움에 봉착할 경우 힘들고 답답하고 앞이 보이지 않을 때, 무엇을 시작하고자 할 때, 책은 훌륭한 스승의 역할을 한다는 여러 경험자들의 이야기다.

코로나가 갑자기 일상생활을 침범하고 전국을 다니던 강의가 하루아침에 줄어들고 집합 금지로 그동안의 프로그램도 완전히 중단되던 2020년 가을. 무엇을 어떻게 해야 할지 대안이 없을 때 내 손에는 이미 책 '그릿'이 놓여 있었고, 숨죽이며 읽어 내려가고 있었다.

"그릿을 길러 주고 싶은 사람이 있는데 내가 해 줄 수 있는 일이 뭐가 있을까요?" 저자는 하루에도 여러 번 질문을 받는다고 제시한다. 그럴 때마다 '그릿'은 호된 시련 속에서 나타난다고 한다. 즉 죽을 만큼의 시련이 사람을 강하게 만든다고 한다.

'그릿'을 읽은 이후부터 나에게도 질문이 생겼다. "나도 그릿을 길러 주고 싶은 일을 하고 싶은데 그 방법이 뭐가 있을까?" 고민 끝에 그 해답을 찾았다. 시청 옆 골목에서 네 블록을 지나 우회전 후 막다른 길에 위치한 나의 사무실. 20년 동안 그곳에서 울고 웃고 성장하고 변화한 추억이 가득한 곳이다.

그 물음에 답을 찾고 한 행동은 이사였다. 2020년 11월 1일, 20년 동안 정든 곳을 떠나 시청 큰길 대로변으로 이사를 했다. 주위 사람들은 이 시국에 무슨 확장 이전이냐며 만류하였으며 그것도 성인 대상이 아니라 어린이냐며 놀라워했다.

"노력 없이 얻어지는 결실은 없다."

프랭클린의 말처럼 노력하지도 않고 두 손 놓고 안 된다는 생각으로 이 어려움을 극복할 수 있는 방법이 없었다. 우연히 거리 현수막을 보니 어린이 프로그램 홍보 글들이 내 머리를 스쳐 지나갔다. 5년 전, 스피치 수강생 중에 어린이 독서 학원을 운영하는 분이 있었다.

우연한 계기로 그곳을 방문 한 적이 있었는데 아이들에게 아주 좋은 프로그램이라는 것을 인지했다. 그때 그 독서 프로그램이 생각나서 5년 만에 다시 방문하였다. 저서 '그릿'에서 "다시 일어나는 자세 희망을 품어라"라고 했다.

또한 좋아하는 일을 할 때 목적의식이 생긴다고 했다. 희망이란 내일은 오늘보다 나을 것이라고 했다. 역경을 낙관적으로 해석하라고 했다. 낙관적인 사고방식은 어떻게든 만들어진다고 했다. 나는 결심했다.

우리 학원으로 오는 아이들에게 책을 통해 그릿을 심어주기로. 그릿을 길러 주는 운동장을 만들기로 결심했다. 그릿의 문화를 만들어서 잠재력을 끌어내어 장기적 목표를 향한 그릿의 이념을 심어주는 일을 구체화하기 시작했다.

나의 선택은 탁월했다. 아이들에게 좋은 책을 읽히고, 진단하고, 생각하게 하고, 쓰고 나누는 독후 활동은 그릿의 힘을 길러 주는 최고의 프로그램이다.

> "좋은 책을 읽는다는 것은 과거의 가장 훌륭한 사람들과
> 대화하는 것이다."

데카르트의 명언처럼 지금 내가 하고 있는 일은 잠자는 아이들의 생각을 깨우고 독서를 통해 역경과 실패 앞에서도 좌절하지 않고 끈질기게 견딜 수 있는 마음의 근력을 키우

는 중요한 일을 하고 있다.

그리고 심지어 어린이 저자를 탄생시켰다. 매주 휴일 세 명 어린이들과 만나서 즐거운 글쓰기를 했다. 성인들도 힘들어하는 책 출판을 고사리 손으로 한 줄, 한 문장 완성해가는 모습을 보고 중단하면 안 되겠다 다짐했다. 그래서 힘겹게 세 명의 글이 완성되어 '초록 잎새달 이야기'가 탄생했다.

나를 변화시킨 독서의 힘을 생각하면 자부심을 느낀다. 나를 성장하게 만든 것은 바로 독서였기 때문이다. 여러분의 삶을 변화시키고 싶다면 오늘 당장 한 권의 책을 선택하기를 바란다. 삶의 지혜는 항상 책에서 얻을 수 있으니까.

'14장'

사람 일 모른다

구자란

❶

어린 시절의 나
내성적이고 소심한 아이

소설가 이외수 선생이 예능 프로그램에 출연했을 때 에피소드다. 한겨울에도 개집에서 잠잘 정도로 가난했던 20대의 이야기였다. "젊은 시절로 돌아가고 싶냐?"라는 질문에 "미쳤냐! 내가 그때로 돌아가게?" 답했다. 나도 똑같이 대답한다.

"미쳤냐! 그때로 돌아가게?!"

아버지가 사고로 일찍 돌아가셔서 얼굴도 기억하지 못한다. 아버지 사진은 졸업앨범과 결혼식 등이 전부다. 연년생삼 남매를 두고 눈을 감지 못해 엄마가 "삼 남매 잘 키울게 믿고 가라."며 감겨드렸다 했다.

부잣집은 망해도 삼대를 간다는데 집 나름인 것 같다. 할아버지가 엄마를 죽인다고 도끼를 들고 할머니가 엄마의 머리채를 잡고 있던 것이 첫 기억이다.

모진 시집살이를 이기지 못하고 찢어진 다라이 하나 달랑 들고 쫓겨났다. 단칸방부터 비만 오면 물이 스미던 반지하까지, 기억하는 모든 순간이 찢어지게 가난했다. 우리 부모는 능력도 없으면서 왜 애를 셋이나 낳았는가... 한탄했었다.

찢어지게 가난한 환경 탓인지 내성적이고 소심했다. 집에서는 오빠한테 치이고 동생한테 치였고, 학교에서도 '우리 반에 저런 애가 있나' 싶을 정도로 존재감도 없었다. 그래서인지 어린 시절은 좋은 기억이 별로 없다.

오빠와 동생이 대학을 졸업한 서른 살, 나도 내 인생을 살겠노라 선언했다. 엄마는 "오빠 결혼도 시켜야 하고 목돈 들어갈 곳이 하나둘이 아닌데 뭘로 다 어떻게 하라고 그만두냐?"고 소리 질렀다. 가난한 집 장녀로 뒷바라지 하느라 고생했다는 말 한마디 없었다.

"너는 아들이자 딸이다."라던 엄마의 말은 '착한 딸 콤플렉스'를 만들었고 '가스라이팅'이었다. 엄마와 마음으로 손절했다. 그래서인지 엄마가 돌아가셨을 때도 되새길 추억이 없어서 오히려 서글펐다.

어린 시절을 지울 수는 없지만, 진짜 내 인생은 서른 살부터다.

❷

성인 시절의 나
내 꿈을 찾아 동가식서가숙

밀레니엄이 시작되었다. 고졸에 모아놓은 돈도 기술도 없이 나이만 먹었다. 어느 순간 '그저 그렇게 살고 싶지 않다'는 생각을 시작했다. 하지만 용기가 나지 않았다.

서점에서 일하던 때였는데 '만행, 하버드에서 화계사까지(현각스님, 열음사)'이 출간되었다. 사흘 만에 두 권을 모두 읽고 만행을 떠나듯 사표를 썼다. 사표 내고 한 달여 동안 단골손님들께 그동안 감사했다 인사드렸다.

7년여 일했던 서점의 사장님은 틈만 나면 "구양한테 서점을 차려주겠다."고 말했었다. 하지만 월급조차 일당*근무 일수를 계산했고, 70여 평 서점을 총괄하다시피 7년여 근무했으나 퇴직금 삼백만 원이 전부였다. 그렇게 이십 대를 마무리 했다.

내 꿈을 찾는 동가식서가숙(東家食 西家宿)이 시작되었다. 공연 예술 아카데미에 등록하면서 서울을 오르내렸다. 운좋으면 지인의 자취방, 보통은 PC방이나 찜질방에서 눈을 붙였다. 동가식서가숙하며 참 많은 분께 폐 끼치고 신세를 졌다. 지금의 나는 그때 폐 끼친 분들 덕분이다. 많이 늦었지만 죄송함과 함께 다시 한번 감사 인사를 올리고 싶다.

　동가식서가숙은 고시원에서 옥탑방으로 발전했다. 울기도 많이 울었고 그렇게 수없이 많은 시행착오를 겪었다. 그래서 나는 내 딸들이 평범하기를 바란다. 남들과 똑같이 진학하고 취업하고 결혼하고...

　'~라떼는 말이야!' 하면 꼰대라는데, 뒤늦게 시작해 몇 배 더 치열하게 시행착오를 겪은 선배로서 그저 남들과 똑같이 지나기를 바란다.

❸

미래의 나
'어제보다 더자란' 구자란을 위해!

2003년 우리궁궐길라잡이 활동을 시작해 22년차 국가유산해설가이다. -2024년 5월, 문화재청이 국가유산청, 문화유산이 국가유산으로 바뀌었다.

'문화'에 '재물 재(財)'가 붙어 있는 문화재는 재화의 물건의 뜻을 가진다. 국제기준인 유네스코 분류기준에 연동되도록 문화유산, 자연유산, 무형유산으로 구분하고 문화, 자연, 무형유산을 모두 포함하는 상위 개념인 '국가유산'을 사용한다. 국가의 보호와 책임을 강조하는 '국가', 조상으로부터 물려받아 미래세대에 전달하는 우리의 역할과 의무를 담은 '유산'이다.-

3개월의 교육과 답사, 6개월의 현장실습-선배 해설 모니터링과 시연, 매뉴얼 작성 등의 과정을 거쳐 정식 길라잡이가 되었다. 2023년에는 궁능유적본부 본부장상과 공로상 등을 받았다.

궁궐에 이어 조선왕릉을 해설하는 지금은 조선왕릉 스터

디와 답사에 빠지지 않으려 노력한다. 현재 세계문화유산에 등재된 조선왕릉 40기 외에 원·묘를 답사하고 있다. 틈나는 대로 박물관·미술관 등에 간다. 모든 곳을 가볼 수는 없겠지만 열심히 답사하고 배운다. 현장 경험 없이 글로 배운 것은 한계가 있다고 생각한다.

모든 분야도 마찬가지다. 현장 경험=공력은 가리거나 속일 수도 없다. 돈으로 해결할 수 없는 것이 바로 시간과 노력이다. 시간과 노력은 거짓말 하지 않기 때문이다.

이처럼 시간과 노력을 이름에 담은 것이 구자란이라는 이름 앞에 붙이는 '어제보다 더자란'이다. '어제보다 더자란'은 나의 '후고(後高)'를 우리말로 풀어쓴 것이다.

'대기만성(大器晚成)형의 인간이라며 '후고(後高)'라는 호(號)를 받았다. '어제보다 더자란'은 표현도 재미있고 기억하기도 편하다. 그리고 역사·국가유산 외에 그림책과 전자책 출판으로 전문분야를 확장시키고 있다.

종이책과 함께 전자책의 장점을 널리 알리고 싶다. 자타공인 쉼 없이 배우고 노력하는 국가유산해설가로 전자책 출판 도슨트로 성장할 것이다! 국가유산해설가이며 전자책출판도슨트 어제보다 더자란 구자란이다!

❹

도전과 성취의 경험
만학도와 평생학습강사, 전자책 출판 도슨트!

　'늦배운 도둑질에 밤새는 줄 모른다'는 속담처럼 늦게 공부를 시작했다.서른 살, 다음 예술경영 아카데미에서 예술경영(문화행정 졸업)을 시작으로 서울대학교 동양음악연구소 국악지도자 과정(4기)을 수료하고, MBC 한국민요대전 '우리의 소리를 찾아서'에서 민요 정리했다. 평생학습 강사로 문화센터·도서관·대전시민대학·여성회관·평생학습관　등에서 강의했다.

　2003년부터는 궁궐을 찾는 관람객들에 우리 문화와 역사를 해설하는 우리궁궐길라잡이, 조선왕릉길라잡이로 활동하고 있다. 배움에 대한 목마름으로 2005년 한국예술종합학교(전통예술원 한국예술학과)에 입학했으나 세 아이 낳고 키우느라 두 번의 휴학을 거쳐 9년여 만에 졸업했다.

　힘든 일이 있을 때마다 '그런 시간도 이겨냈는데' 위로할 만큼 열심히 배우고 노력했던 시간이었다. 국립중앙박물관(역사관)·서울역사박물관·대전시립박물관·천연기념물센터에서

도슨트를 거쳐 현재 서울공예박물관 도슨트로 활동하고 있다. 서울공예박물관은 최초의 공립 공예전문 박물관이다.

전통예술원 음악사료강독회의 회원으로 '고종대례의궤 上·下(2012. 민속원)'의 번역에 참여했다. 번역 참여자로 이름을 올린 것을 계기로 내 책을 쓰고 싶다는 꿈을 꾸게 되었다.

국립한국전통문화대학교 대학원(문화유산 융합학과) 졸업,
국가유산해설사로 역사여행작가로 전자책 출판 도슨트로 성장하고 싶다.

❺

가장 행복했던 시간
지금 가장 행복하고 더 행복할 나!

세상에 태어나 가장 잘한 일 세 가지가 '멋진남편 수원흥부'를 만나 세 딸을 낳은 것, 만학도로 진학한 것이다.

딸들의 손을 잡으면 언제나 조물조물 만진다. 손잡을 수 있어 행복하다. 잘 때마다 아이들을 주무른다. 스킨쉽과 함께 사랑 받고 있음을 느끼게 해주고 싶어서. 그리고 입버릇처럼 말한다. '우리 딸들은 엄마가 세상에 태어난 이유이며, 최고의 작품'이라고. 손을 잡을 수 있어서 행복하고 또 감사하다고. 내 분야에 자타공인 전문가가 되는 것은 물론, 딸들에게 '하고 싶은 일을 열심히 하는 선배'이고 싶다. 좋아하는 일을 하고 있어서, 손잡을 딸들이 있어서 지금이 가장 행복하고 더 행복할 '어제보다 더자란' 구자란이다!

❻

가장 힘들었던 시간
그 힘든 시간이 있어 지금의 내가 있다!

서른 넘어 진학해 9년 만에 졸업했다. 세 살 된 큰아이와 백 일된 둘째를 떼어놓고 복학했을 때, 셋째 낳고 복학해 장거리 통학할 때마다 매 순간 천 길 낭떠러지 위에 서 있는 것 같았다. 힘들다 징징대면 그만두라 할까 봐 투덜댈 수도 없었다. 또 하나 카이스트에서 교류 수학을 했을 때 수업 시간이 잘못 공지되었다. 한국문화사와 한국 근현대사를 신청했는데, 화·목요일 오후의 3학점짜리 수업이었다. 목요일로 공지되어 신청했는데 화·목요일 수업이었다.

힘든 마음을 주변에 얘기를 해보니 오히려 아픔이 더욱 깊어지기만 했다. "그냥 얘기하지 말자. 그냥 일이나 열심히 하면서 살자. 누구나 아픈데 하나씩은 있는 거지." 하면서 살아왔다. 가족들에게도 말하면 힘들어할까 봐 표현하지 않고 괜찮은 척하며 살아왔다. 주부터 수업을 듣지 않아도 괜찮다'고 하셨다. 하지만 매주 수업 내용을 요약 정리해 주셨다. 한두 번 출석하다 말겠지 하면서도 매시간 출석했는지 눈으로 확인하셨다.

매주 제출하던 요약정리 과제와 중간·기말시험도 봤다. 학기 말에는 과목과 연관된 책을 읽고 요약 정리해 메일로 보내고 한 과목만이라도 구제해 주시기를 부탁들렸다. 종강하던 날 교수연구실로 부르셨다. '한두 주 출석하고 안 나올 줄 알았는데 과제와 시험까지 성실하게 수강해서 고맙다. 기분 좋게 나의 원칙을 어긴다'며 한 과목을 구제해 주셨다.

이 또한 지나가리라! 천 길 낭떠러지 위에 서 있는 것 같은 막막함은 평생 잊지 못할 고통이자 추억이며, 지금은 다시 일어서는 힘이다.

❼

내가 배운 인생의 교훈들
사람 일 모른다!

소리에 놀라지 않는 사자와 같이, 그물에 걸리지 않는 바람과 같이, 흙탕물에 더럽히지 않는 연꽃과 같이 무소의 뿔처럼 혼자서 가라.

최초의 불교의 경전인 숫타니파타에 나오는 구절로, 공지영의 소설 제목으로도 유명한 이 구절은 '게으름 없이 열심히 묵묵히 부단히 홀로 정진하라'는 뜻이다.

사람에게는 몇 번의 기회가 온다고 합니다. 하지만 그 기회가 언제 어떻게 올지 모르기에 항상 준비를 하고 있어야 한다고 한다.

'한다는 것', 그리고 '할 수 있다는 것'의 소중함을 알기에 자만하지 않고 성실하게 공부하고 노력하련다. 내가 얼마나 성장하고 달라질 지 말하고 싶다.

"사람 일 모른다!"

‘ 15장 ’

배움과 성장으로 나를
사랑하는 삶을 산다

우정희

❶

어린 시절의 나
아버지와 할머니 할아버지의 영향

어린 시절은 끊임없는 탐구와 꿈꾸는 시간으로 가득했다. 내가 추구하는 꿈은 시시각각 변했고, 외교관에서 방송인, 그리고 세계를 누비는 여행자까지, 생각만 해도 가슴이 뛰었다. 특히, 캠핑카를 구입해 전국 여행부터 전 세계를 여행하며 살겠다는 꿈은 지금도 내 가슴 한편을 설레게 한다.

"다른 사람들에게 손해 본 듯 살아야 한다."라고 말씀하셨던 부모님의 영향이 있다. 봉사하고 나누고 살아오신 부모님 주변에는 늘 사람들이 넘쳐났다. 노래 가사에도 있듯이 누군가에게 무슨 일이 생기면 달려가시는 부모님. 평생지금도 변함이 없으시다. 부지런하고 효자이시며, "도둑질만 빼고 나머지는 다 해봐라." 하셨던 아버지의 말씀이 살아오면서 정신적인 지주가 되어주었다. 이 말씀은 내가 삶을 탐구하고, 새로운 것에 도전할 수 있는 용기를 주었다.

아빠와의 많은 추억 가운데, 명심보감, 논어, 소학, 추구, 서예 등을 읽으셨다. 한문의 중요성을 아셨던 덕분에, 초등학교 시절부터 한문을 배웠다. 직접 공책에 적어서 주시면 소리 내 읽고, 글로 쓰면서 암기하는 방식의 공부를 했다.

'추구' 책이나 '상용한자 교본' 같은 것이었는데, 해가 뜨기 전이었으니까 새벽 5시나 6시 전후였던 것 같다. '천고 일 월명.'이요. '지후 초목 생'이라." '춘래 이 화백.'이요. '하지 수엽 청'이라. 뜻을 풀이해 보면 하늘이 높으니 해와 달이 밝고, 땅이 두터우니 풀과 나무가 자라도. 달이 나오니 하늘이 눈을 뜬 것이요. 산이 높으니 땅이 머리를 든 것이로다. 라는 뜻이다. 막내가 눈뜨면 우리가 하는 것을 보고 고무래 정, 뜰 정 하고 따라 하기도 해서 웃었던 기억이 난다. 초등학교 5학년 때 시골로 전학을 간 큰딸에게 "걸스카우트연맹" 활동에 참여할 기회를 주셨다. '말은 제주도로 보내고 사람은 서울로 보내라'는 속담을 인용하여 경험의 중요성을 강조하셨던 것에 대해 깊은 감사를 느낀다. 이 경험은 새로운 환경에서 적응과 성장의 기회를 주었다.

할머니와 할아버지 역시 내 성장에 큰 영향을 주신 분들이다. 5살 무렵 할머니 집에 놀러 갔을 때의 일은 지금도 생생하다. 토종 수탉이 나를 쫓아다니면서 쪼려 들 때, 할아버지께서는 항상 나를 보호해 주셨다. 그리고 할아버지와 함께 논두렁에서 콩을 구워 먹던 시간 들, 그리고 정희 좋아하는 감나무 많이 심어놨다. 하시며 감나무 아래에서 추억들은 나의 어린 시절을 행복하게 만들어 주었다.

　초등학교 시절에는 간식도 귀했었는데 강냉이와 가래떡으로 뻥튀기를 고무줄 바지춤에서 꺼내 주셨던 큰 눈깔사탕을 주시곤 했다. 짓궂은 남학생들이 놀려서 울고 집에 오면 누가 그랬냐며 논두렁에서 일하다 말고 내 손을 붙잡고 학교까지 가서 친구들을 혼내 주었던 일도 있었다.

　이 모든 경험은 나를 사랑으로 키워주었고, 나 또한 어르신들을 사랑하며 그들의 삶을 존중하고 행복을 바라게 되었다. 이러한 어린 시절의 경험들은 사회복지사로서, 그리고 노인복지에 헌신하는 계기가 되었다.

❷

성인 시절의 나
내가 만난 인연들과 희로애락에 대하여

사단법인 미래 복지 경영 (구 미래 경영협회) 최성균 회장님을 통해 매년 시행하는 사회복지시설 연수를 통해서 견문을 넓히고, 세계에 여러 나라들의 복지 현장을 돌아보며 견문을 넓히고 문화를 경험할 수 있었다. 현재 기획위원회 활동을 하고 있다.

행복복지재단에 박덕경 이사장님은 사회복지 초년생으로 행정부장으로 근무하였다. 나에게 사회복지 인의 피가 흐르고 있다고 말씀해 주셨는데, 그 당시에는 그 말뜻을 이해하지 못했었다. 살아오면서 그렇게 말씀해 주셨던 뜻을 조금이나마 이해하게 되었다.

대한웰다잉협회 최영숙 회장님과의 인연을 통해 웰다잉 기본과정과 심화 교육을 이수하고, 웰다잉을 통한 현재 삶을 어떻게 살아야 하는지에 대한 숙고가 있었다. 현재 서울 동대문지회장으로 활동하고 있으며, 웰다잉 문화 확산을 위해 힘쓰고 있으며, 사전연명의료의향서 전문 상담사로 활동하고 있다. 디지털 리터러시. 생명 존중 전문 강사(자살 예방), 노인 심리 관련 자격도 갖출 수 있었다.

시니어케어 연구회는 인지(치매) 등 연구회로 경복대학교 주경복 교수님. 일본의 사사키 노리코 교수님을 통하여 새로운 연구자료를 미리 공부하거나 프로그램을 실습한다. 인지 등 연구 회원으로서 경험과 치매 전문 주간보호센터가 운영되고 있다.

'강덕 무관 총본관' 이재봉 관장님과의 인연이다. 다양한 환경에 계신 어르신분들을 위한 운동처방을 연구 개발하고 보급하고 있다. 중독자 관련 단체 봉사활동도 계속해 오고 계시고, 일천 시간 이상이 봉사활동으로 표창을 받기도 하셨다. 달란트를 잘 찾아주시고 상담하면 시원하게 답을 찾을 수 있도록 이끌어주신다. 사범이 되고 쿵푸 우슈를 통한 봉사활동과 시설관리공단, 복지관, 문화 체육센터, 등 다양한 곳에서 지도했다.

태극권은 움직이는 명상으로 한번 시작하면 완전히 집중하고 몰입하게 만든다. 그 외에 다양한 전통권 권법이 있는데 신체를 단련하고 스트레스를 날릴 수 있고 태극 검, 태극도, 창술, 검술, 봉술 등 다양한 권법도 그날의 기분과 컨디션에 맞춰 다양하게 즐길 수 있다.

2009년 스피치 커뮤니케이션 센터를 알아보고 그때 인연이 되었던 정동문 NLP 참만남 스피치센터와의 인연으로 NLP 심리학을 배웠다. NLP Practitioner, NLP Master Practitioner 자격을 갖추었다. 이것들을 활용하면서 의사소통 능력이나 상담 능력 등을 유용하게 사용하고 있고, 내 전문 영역에 날개를 달아 주었다.

10여년이 지난 시간 동안 최면 NLP 치유학 박사학위를 받았다. '이혼'을 통해 세상에 홀로서기를 하며, 마음 앓이를 하며 당당한 나로 거듭나기까지, 뿌리가 흔들리지 않은 단단한 삶을 살아오기까지 여러 경험들이 있었다.

전문 영역에 커뮤니케이션이라는 날개를 달고 싶었고, 사람들과 진정한 소통을 하고 싶었다. 이런 과정을 통해 마음 치유 공부를 하며 나를 사랑하게 되었고, 아하~ 하는 통찰을 얻었으며, 많은 성취를 경험해 오고 있다. 나 혼자만의 삶이 아닌 주변을 살피고 그들의 마음을 더 깊이 이해하는 폭이 넓어졌다. 지금에 깨어있으며, 만족감, 충만감을 경험하면서 사람들과 진정으로 연결되는 삶, 행복감을 경험하며 살아가고 있다.

홀로서기를 하며 스스로 힘을 갖게 되기까지 과정을 지나오며 느낀 것은 속내를 털어놓을 수 있고 무엇을 얘기하든지 지지와 격려, 응원해 줄 수 있는 최소한 한사람이 있어야 한다는 것이다. 자신을 있는 그대로 표현할 수 있는 것, 직면할 수 있는 것도 "용기"가 필요하다. 자신을 용서할 수 있어야 한다. 잘못했다고 생각한 일에 대해 자신을 자책하는 대신에 그 상황에서 최선의 선택했음을 인정하고 소유할 수 있어야 한다. 자신을 알고 원하는 삶을 살아가기 위해서는 용기가 필요하다. 말하고 표현하고 행동할 수 있는 용기가 필요하다.

다양한 봉사활동을 통한 개인적 성장과 사회 공헌

봉사는 내가 가진 자원을 사회에 환원하고, 동시에 새로운 경험을 통해 자신을 성장시키는 기회가 되었다. 그때그때 내가 하는 것들을 통해서 봉사활동을 하였다. 쿵푸 우슈 태극권 운동은 노인복지 영역에서도 큰 도움이 되어, 치매 예방과 재활에 좋은 태극권을 동호회에서 지도했다. 요가를 배웠을 때는 요가 지도자로서 정신병원에서 요가 봉사를 하며 환자들에게 정서적 안정을 제공했고, 승마 봉사를 통해서는 장애인들에게 새로운 활력을 불어넣었다. 이 경험들은 봉사가 단순한 도움의 제공을 넘어, 상호작용을 통한 감정의 교류가 될 수 있음을 보여주었다.

문학을 통한 봉사활동으로는 전국의 소년원과 교도소를

방문해 문학의 힘으로 상처받은 이들에게 치유와 희망의 메시지를 전달했다. 이 과정에서 내가 가진 부정적 선입견도 많이 깨졌으며, 더 전문적인 상담 기술을 배우기 위해 각당복지재단에서 '비행 청소년 상담사 교육'도 수강하였다.

시각장애인 봉사는 또 다른 깊은 감동을 주었다. 휠체어에 태우고 밀며 밖으로 나온 장애인 분들이 두 팔을 벌려 바람을 느끼고 행복을 표현해 주었고, 성경 전체를 암기한 모습을 보면서 큰 감명을 받았다. 이 모든 경험을 통해 봉사가 단순한 시간의 투자가 아니라, 내 삶을 풍요롭게 하고 다른 이들에게 긍정적 변화를 가져다주는 활동임을 깨닫게 되었다.

1365 자원봉사센터를 통해 다양한 봉사 기회에 참여하면서, 나는 사회복지 현장에서 만나는 다양한 상황에 대해 더 넓은 시각을 갖게 되었고, 어떤 상황에서도 유연하게 대처할 수 있는 능력을 키워 나갔다. 봉사활동은 나에게 감사의 마음과 함께 삶의 진정한 풍요로움을 경험하게 해주었다.

❸

미래의 나
자서전 글쓰기 작가, 대필작가
캠핑카 여행 글쓰기

내 미래는 변화와 도전, 그리고 창조적인 삶을 살아갈 것이다. 캠핑카로 전국을 여행하며 다양한 지역의 문화와 자연을 직접 체험하고자 하는 오랜 꿈을 실현할 예정이다. 이 여정은 단순한 휴식을 넘어서, 내가 겪는 모든 것을 직접 쓰고 기록하는 글쓰기 작업과도 깊이 연결된다. 자연과 인간, 그리고 일상의 소소한 순간들에서 영감을 받아 세상에 더 많은 이야기를 전할 수 있는 글 쓰는 작가로서의 삶을 꾸려나갈 것이다.

자서전 쓰기 작가와 강사와 대필 작가로서 활동하고자 한다. 글쓰기를 통해 개인의 경험과 지혜를 세상과 공유하며 자서전 작가 및 대필 작가로서 활동하면서, 우리 세대의 이야기를 담은 책을 출판할 예정이다. 또한, 유튜브 채널을 통해 여행과 문화에 관한 콘텐츠를 제작하여, 삶의 질을 향상하는 다양한 방법을 제안할 것이다.

캠핑카 여행과 글쓰기, 나의 미래를 향한 다양한 꿈들을 현실로 만드는 데 중요한 역할을 할 것이다. 이 모든 것이 어우러져 나는 끊임없이 새로운 것을 배우고 경험하며, 그 속에서 진정한 자아를 찾고, 사회와 공유하며 살아갈 것이다. 나의 미래는 이러한 지속적인 모험과 창조적 노력, 그리고 개인적인 안정을 통해 더욱 풍요로워질 것이다.

청도재가노인복지센터 센터장으로서 역할을 해나갈 것이다. 65세 이상 또는 65세 미만의 노인성 질환을 지닌 어르신 중 거동이 불편해 일상생활이 어려운 분들께 장기 요양 등급 신청 및 방문 요양, '긴급 돌봄 SOS' 등의 돌봄을 해 드리고 있다. 향후 "강덕우정복지센터"를 설립하여 어르신과 청소년 분야에 도움을 드리고자 한다.

❹

도전과 성취의 경험
승마 국토대장정, 사회복지학 박사학위

2011년 국토대장정 기마 단의 여정

승마를 알아보던 중 승마와 국토대장정을 할 수 있는 국토대장정 기마 단을 알게 되었다. 매일 주말을 비가 오나 눈이 오나 하루도 빠지지 않고 새벽해 뜨기 전에 길을 나섰다. 국토대장정 기마 단의 여정은 쉽지만은 않았다. 깜깜한 새벽에 도로를 따라 말을 타고 이동해야 한다. 승마바지가 기능을 다해 부풀어서 늘어날 때까지 입었고, 여름철에는 무릎 안쪽에 진물과 염증으로 고생을 하기도 했다.

또한, 훈련 중 낙마를 경험하거나 말발굽에 밟히는 일도 있었다. 승마 후에는 말에게 목욕을 시켜주고 당근과 각설탕을 주며 칭찬해 주기도 했다. 이러한 도전은 단순한 체력뿐만 아니라 정신적인 인내심도 요구했다. 나는 승마 후 승마일지를 작성하며 말의 상태를 기록하고, 말고삐를 풀어헤쳐서 다시 조립하는 기술도 익혔다. 아마도 이렇게 하는 마지막 세대가 "나"이지 않을까 하는 생각을 해본다.

승마 봉사활동의 경험과 단원들과 훈련하면서 경험했던 다양한 활동들은 평생 잊지 못할 소중한 경험으로 남아있을 것이다. 국토대장정 기마 단의 경험은 내 인생에서 가장 큰 도전이자 성취 중 하나로, 앞으로도 나를 계속 성장하게 만드는 중요한 원동력이 될 것이다. 이 경험을 통해 인내와 끈기, 협력의 중요성을 배웠으며, 이러한 가치는 앞으로의 도전에서도 변함없이 나를 지탱해 줄 것이다. 그때의 단원들이 보고 싶다.

배움 대학교부터 사회복지학 박사학위를 받기까지

내가 이룬 가장 큰 도전과 성취 중 또 하나는 사회복지학 박사학위를 받은 것이다. 대학 시절, 나는 학비와 생활비를 해결하기 위해 한국장학재단에서 학자금 대출을 받았다. 대학을 졸업하고 나니 몇천만 원의 빚이 생겼지만, 공부를 포기하지 않고 석사과정에 진학하게 되었다. 명지대학교 사회복지학과에 입학하여 1학기 때부터 밤낮으로 공부하며 방법을 찾았다.

석사 학위를 마친 후, 더 깊이 있는 연구와 사회복지 분야에서의 전문성을 쌓기 위해 박사과정에 도전하게 되었다. 박사과정은 석사과정보다 훨씬 더 많은 시간과 노력이 필요했다. 강의와 연구, 논문 작성 등 모든 과정이 끝없는 도전이었고, 많은 희생이 필요했다. 특히 일을 하면서 공부를 계속하는 것은 몸과 마음이 매우 힘든 일이었다.

박사과정을 진행하면서 여러 번 어려움과 좌절을 겪었다. 논문 주제를 정하고, 자료를 모으고, 분석하고, 최종 논문을 작성하는 모든 과정이 쉽지 않았다. 여러 번 실패하고 다시 도전하면서도 포기하지 않았다. 밤을 새우며 논문을 수정하고, 지도교수님의 조언을 받으며 계속 개선해 나갔다. 이 과정에서 중요한 것은 끈기와 인내심이었다. 어려움이 닥칠 때마다, 포기하지 않고 끝까지 해내겠다는 결심이 나를 지탱해 주었다.

드디어 박사논문을 통과하고, 사회복지학 박사학위를 받았을 때의 성취감은 말로 다 표현할 수 없을 만큼 컸다. 이는 나의 노력과 끈기가 결실을 본 순간이었으며, 나의 학문적 능력과 전문성을 인정받은 중요한 순간이었다. 이 성취는 나에게 큰 자부심과 자신감을 안겨주었으며, 앞으로의 도전에도 용기를 주었다.

사회복지학 박사학위를 받는 과정에서 가장 큰 교훈은 인내와 끈기의 중요성이다. 어려움과 좌절을 극복하고 목표를 이루기 위해서는 끊임없는 노력과 포기하지 않는 마음이 필요하다는 것을 배웠다. 또한, 학문적 깊이와 전문성을 쌓는 것이 얼마나 중요한지 깨달았다. 이 경험은 앞으로의 인생에서도 계속해서 나를 성장하게 만드는 중요한 원동력이 될 것이다.

❺

가장 행복했던 시간과 힘들었던 시간
배움과 이혼

　가장 행복했던 시간은 배움 하는 시간이다. 고등학교를 졸업하고 대학 진학을 못 했다. 어떤 상황이 오더라도 대학교는 마흔 살 안에는 꼭 끝내야지. 하고 생각했었다. 학교를 알아보고 대학을 준비하던 시기에는 전기세도 못 낼 만큼 내 삶은 바닥을 사정없이 내려치고 있었다. 경제적, 환경적, 심리적으로도 어려웠던 시기였다. 대학을 진학하려고 방법을 알아보니 한국장학재단이 학자금 대출을 해주고 있었다. 대학 등록금을 마련하고 나니 새로운 꿈과 희망으로 부풀었다.

　가장 힘들었던 시간은 삶에서 절대로 일어나지 말았어야 하는 일이라고 생각했던 '이혼'이었다. '이혼녀라는 꼬리표'는 세상이 나에게 넌 실패자야. 하는 것 같았다. 이혼 자체도 힘들었지만, 아이와 떨어져 지낸다는 것은 상상도 해본 적이 없었다. 아이와 만나기 위해 지방을 내려갔다가 못 만나고 오기를 여러 번. 혼자 돌아오는 길은 눈물범벅이 되어 돌아오던 날도 많았다.

아들을 끝까지 책임지지 못한 죄책감에 '나는 행복해지면 안 돼'라는 이야기를 만들었다. 남들에게는 관대한 일들도 나에게는 더더더 하면서 채찍질하였다. 열심히 살아왔고 성취를 하여도 마음의 공허함은 사라지지 않았다. 힘든 감정도 사치라고 여겼을 만큼 힘든 감정을 누르고 누르면서 살아왔다.

힘든 마음을 주변에 얘기를 해보니 오히려 아픔이 더욱 깊어지기만 했다. "그냥 얘기하지 말자. 그냥 일이나 열심히 하면서 살자. 누구나 아픈데 하나씩은 있는 거지." 하면서 살아왔다. 가족들에게도 말하면 힘들어할까 봐 표현하지 않고 괜찮은 척하며 살아왔다.

❻

내가 배운 인생의 교훈들
배움과 성장으로 나를 사랑하는 삶을 산다

어떤 상황에서도 힘 있게 존재하는 것, 끝까지 배움을 포기하지 않는 것, 힘들거나 위기의 순간에도 세상이 나에게 주는 긍정의 신호가 있다고 믿는 것이다. 이 경험을 통해 세상이 나에게 깨닫게 해주려고 했던 것은 무엇인가? 이런 어려움들이 없었다면 지금의 나는 없었을 것이다.

결핍이나 어려움을 해결해 나가는 과정에서 성장과 깨달음을 만나게 되었다. 정동문 교수님의 글을 인용하면 "삶은 풀어야 할 숙제가 아니라 체험해야 할 신비이다." 어떤 순간에도 포기하지 말기를 바란다. 방법을 찾고 도움을 청하고 이 과정을 통해서 나에게 주는 교훈은 무엇인가? 더욱 단단해지는 기회로 계발할 기회로 가져가기를 바란다.

사랑합니다. 고맙습니다. 감사합니다.

❛ 에필로그 ❜

우리가 자서전을 써야 하는 이유는 매우 많다. 무엇보다 가장 큰 이유와 의미는 자신이 살아온 인생의 과거 현재를 돌아보고 남은 인생을 가치 있게 살아가는 데 있다.

또한 한 사람의 인생에는 수많은 경험과 삶의 지혜가 녹아 있다. 이런 글은 자손과 후손들에 전하는 큰 교훈과 유산이 될 것이고 시대적으론 역사 문화의 자료이자 세대 간에 공감과 소통의 도구가 된다.

우리 또한 자서전 글쓰기 책 쓰기를 통해 우리 자신이 누구인지, 어떤 인생을 살았는지 앞으로 어떤 인생을 살아야 할지 그려보는 소중한 시간이 되었다.

앞으로 우리를 통해 세상에 나올 수많은 작가님과 자서전에 마음에 설렌다. 모두가 자신의 인생을 담은 자서전을 통해 더 나은 나, 진짜 내가 되기를 바라고 응원한다.

한국자서전협회 자서전출판지도사 일동